Konflikte lösen mit Social Stories

Leni Schütz

44 Soziale Anleitungen zur **Wahrnehmung** und **Steuerung** von Gefühlen im Schulalltag

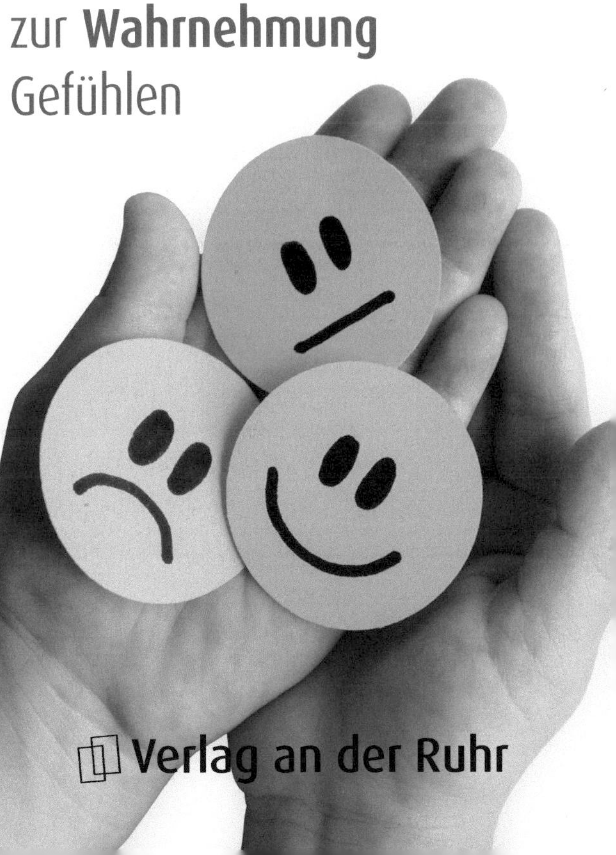

Verlag an der Ruhr

Impressum

Titel

Konflikte lösen mit Social Stories

44 Soziale Anleitungen zur Wahrnehmung und Steuerung von Gefühlen im Schulalltag

Autorin

Leni Schütz

Sensitivity Reading

İlyas İnevi

Umschlagmotiv

© IONs – Shutterstock.com

Druck

Heenemann GmbH & Co. KG, Berlin, DE

PEFC-zertifiziert
Dieses Produkt stammt aus nachhaltig bewirtschafteten Wäldern
www.pefc.de

Geeignet für die Klassen 1–6

Nachdruck 2025

ISBN 978-3-8346-6244-6

Inhaltsverzeichnis

Vorwort

Die erste Soziale Anleitung entstand im Jahr 2014 für ein Kindergartenkind. Beim Turnen kamen bunte Tücher zum Einsatz und als das Kind eine andere Farbe bekam als sein Freund, hatte es einen Wutanfall. Es war dem Kind nicht möglich, ein anderes Tuch zu nehmen und damit zu turnen. Meist saß es am Rand oder musste sogar mit einer Betreuerin aus dem Zimmer gehen, um sich zu beruhigen.
Ich suchte nach einer Möglichkeit, dem Kind zu erklären, dass es auch mit einem anderen Tuch turnen konnte und dass es nicht auf die Farbe des Tuches ankam. So entwickelte ich die erste Soziale Anleitung.
Nachdem ich die Soziale Anleitung ein einziges Mal vorgelesen hatte, tauchte das Problem nie wieder auf. Auch bei anderen Spielen mit bunten Spielsteinen oder bunten Figuren gab es nie wieder ein Problem mit den Farben. Das hatte ich nicht erwartet. Ich war überrascht von diesem Erfolg, und auch ermutigt, weitere Soziale Anleitungen zu entwickeln.
Nach einer Weile fragten auch Kinder ohne Förderbedarf nach den Sozialen Anleitungen, die sie nebenbei mit angehört hatten. Ich verstand, dass sie von der Klarheit und Sachlichkeit der Anleitungen ebenfalls profitierten. Sie halfen ihnen dabei, unser komplexes soziales Miteinander besser zu begreifen. So entstand in den letzten acht Jahren eine Vielzahl an Sozialen Anleitungen, die ich hier zusammengefasst habe.
Bestimmt lässt sich nicht jeder Konflikt oder jeder Streit mithilfe einer Sozialen Anleitung „in Luft auflösen", aber als Ergänzung zu vielen anderen guten Methoden können sie Kindern helfen, ungeschriebene Regeln besser zu verstehen und besser nachzuvollziehen, wie ein gutes soziales Miteinander gelingt.

Mein besonderer Dank gilt:
Maria Meschede und Waltraud Hermann für ihre Bereitschaft, ungewöhnliche Wege zu gehen.
Dr. med. Bettina Tillmann und Vanessa Manser für ihre fachliche Kompetenz und Ermutigung.
Claudia Gerken-Vierke für ihre aufmerksamen Beobachtungen und ihre wertvolle Unterstützung in den letzten Jahren.

Zum Aufbau des Buches

Im ersten Teil dieses Buches finden Sie die **Grundlagen hinter den Sozialen Anleitungen**. Diesen Teil müssen Sie nicht unbedingt komplett gelesen haben, um mit Sozialen Anleitungen erfolgreich arbeiten zu können.

In dem Teil „Von der Theorie zur Praxis" geht es darum, wie eine Soziale Anleitung praktisch **eingesetzt wird**. Dieser Teil ist wichtig, um erfolgreich mit einer Sozialen Anleitung zu arbeiten. Hier erkläre ich Schritt für Schritt, wie Sie vorgehen können, wenn Sie eine Soziale Anleitung einsetzen wollen. Am Ende dieses Teils steht ein **„Rezept" zum Schreiben einer eigenen Sozialen Anleitung**. So können Sie sich auch für Situationen, die in diesem Buch nicht aufgegriffen werden, eine eigene Soziale Anleitung erstellen.
In dem Teil „Soziale Anleitungen für einzelne Situationen" sind die Sozialen Anleitungen thematisch zusammengestellt. Hier können Sie eine für Ihre Situation passende Anleitung auswählen.

Die **Sozialen Anleitungen** sind **in drei Kategorien geordnet**. Es kann jedoch sein, dass Sie eine Soziale Anleitung in einer anderen Kategorie finden als vermutet, denn viele Konflikte treten in unterschiedlichen Zusammenhängen auf und so ist die eindeutige Zuordnung manchmal schwierig.
Manchmal kann es sich lohnen, eine Soziale Anleitung leicht abzuwandeln, sodass sie ganz genau auf Ihre Situation passt. Scheuen Sie sich nicht, hier zu experimentieren und z. B. Worte auszutauschen.
Um den Lesefluss nicht zu stören, wird in den Sozialen Anleitungen immer der Begriff „Lehrerin" verwendet. Liest nun ein männlicher Kollege oder eine andere pädagogische Fachkraft den Text vor, muss dieser Begriff jeweils passend ersetzt werden.

Grundlagen

Von Social Stories zu Sozialen Anleitungen

Social Stories sind als kleine Geschichten über Dinge des Alltags entstanden, die für die meisten Menschen selbstverständlich sind. Oft thematisiert eine Social Story das Befolgen einer „ungeschriebenen Regel" oder sie verdeutlicht, wie man sich in einer bestimmten Situation angemessen verhält.
Entwickelt wurden die Social Stories von Carol Gray, geboren 1952 in Michigan/USA. Sie unterrichtete bis 2004 an einer Schule für autistische Kinder. Ihren Schüler*innen[1] war oft nicht klar, welches Verhalten oder Handeln in einer bestimmten Situation angemessen war.
Die „ungeschriebenen Regeln", die neurotypische Kinder[2] meistens intuitiv erfassen, konnten die autistischen Kinder, die Carol Gray unterrichtete, oft nicht automatisch nachvollziehen.
Sie suchte nach einer Möglichkeit, ihren Schüler*innen Zugang zu den „ungeschriebenen Regeln" im Zusammenleben zu ermöglichen. Sie wollte einen Weg finden, ihren Schüler*innen wichtige Informationen darüber zu vermitteln, welches Verhalten in welcher Situation angemessen ist.
Im Jahr 1989 begann Carol Gray, Social Stories für ihre Schüler*innen zu schreiben. Dadurch, dass die Kinder sich sozial angepasster verhalten konnten, hatte sie mit den Social Stories eine Möglichkeit entwickelt, den Kindern eine größere Teilhabe im Alltagsleben zu ermöglichen.
Mittlerweile existiert eine große Anzahl von Social Stories auch auf Deutsch.[3]
Für Schulen und Kindergärten mit neurotypischen Kindern sind Social Stories in ihrer Ursprungsform überwiegend nicht geeignet, weil die Themen oft zu simpel sind.
Die Einfachheit und Klarheit der Social Stories haben mich jedoch fasziniert, sodass ich die Methode als „Soziale Anleitung" weiterentwickelt und modifiziert habe. Mein Anliegen hierbei ist es, auch komplexere Zusammenhänge zu verdeutlichen und die Gefühle und Bedürfnisse hinter schwierigen Situationen wahrzunehmen.
Im Fokus steht nach wie vor immer das Kind, das in einer bestimmten Situation Schwierigkeiten hat.
Dem Kind wird zu Beginn Verständnis entgegengebracht. Danach erklären wir, warum seine Reaktion in der bestimmten Situation nicht hilfreich ist. Eine Alternative wird angeboten, die zu gelingender sozialer Interaktion beitragen kann. Dem Kind wird verdeutlicht, welchen Vorteil diese alternative Reaktion hätte.

1 Der Verlag an der Ruhr legt großen Wert auf eine geschlechtergerechte und inklusive Sprache. Daher nutzen wir neutrale Formulierungen oder das Gendersternchen, um alle Menschen unabhängig von Geschlecht oder Geschlechtsidentität einzuschließen. In den Sozialen Anleitungen verzichten wir dennoch auf das Gendern. Dies ist eine Einzelfallentscheidung aus didaktischen Gründen und ist in keinem Fall ausschließend oder diskriminierend zu verstehen.

2 Neurotypische Kinder sind Kinder, bei denen weder Autismus noch andere Entwicklungsstörungen diagnostiziert wurden.

3 Vgl. Gray, C. (2014): Das neue Social Story Buch. Schweiz: Autismusverlag.

Am Ende steht eine Idee, wie das Kind sich an die alternative Reaktion erinnern könnte oder was ihm dabei helfen könnte, das nächste Mal anders zu reagieren.
Aufgrund von Ängsten oder einer falschen Bewertung der Situation kommt es oftmals zu Konflikten. Manchmal fehlen dem Kind einfach die nötigen Informationen, sodass in der Folge ein Konflikt oder Spannungen entstehen.
Liegt die Angst vor Zurückweisung oder Misserfolg einem problematischen Verhalten zugrunde, kann die Soziale Anleitung dem Kind helfen, eigenes Erleben neu zu interpretieren.
Fehlen einem Kind Informationen, beispielsweise darüber, welche Reaktionen in einer Situation erwartet werden, kann eine Soziale Anleitung dem Kind erklären, wie „unsere Welt" und „unser Zusammenleben" funktionieren.
Die Sozialen Anleitungen sollen Kinder mit und ohne Förderbedarf unterstützen. Nicht nur Kinder mit Förderbedarf finden es schwierig, unsere teilweise komplizierten „ungeschriebenen Regeln" zu verstehen. Auch neurotypische Kinder, die in einem sozial kompetenten Umfeld aufwachsen, haben oft Schwierigkeiten damit, intuitiv zu erfassen, was in welcher Situation erwartet wird und wie die eigenen soziale Bedürfnisse mit den Erwartungen der Umwelt in Einklang gebracht werden können.

Abb.1 Erfolgreiche Soziale Anleitung

Soziale Situation: Etwas ist schwierig für mich oder andere (mein Verhalten, Reaktion ...).

Ich weiß, dass es anderen Menschen auch so geht.

Ich weiß, wie ich mit der Situation zukünftig anders umgehen kann (Verhalten, gedankliches Bewerten).

Ich verstehe, warum es sich lohnt, mit der Situation anders umzugehen (persönlicher Profit).

Ich weiß, was mir dabei hilft, anders zu reagieren.

Grundannahmen und Menschenbild

Einer Sozialen Anleitung liegt die Annahme der humanistischen Psychologie zugrunde, dass jedes Kind grundsätzlich kooperieren möchte und etwas zum Gelingen seines Lebens und des Lebens in seiner Gemeinschaft beitragen möchte.
Natürlich gibt es viele Faktoren im Leben eines Kindes, die dieses Bestreben behindern, behindert haben oder in eine falsche Richtung geleitet haben.
Vielleicht hat ein Kind bisher nicht die Erfahrung gemacht, dass sein Beitrag wertvoll und gewollt ist. Vielleicht hat es erlebt, dass seine Bemühungen, „dazuzugehören", vergeblich waren. Diese Hindernisse unterliegen meist nicht der Kontrolle des Kindes, sondern finden sich vielmehr in seinen Lebensumständen oder in seiner Biografie.
Manchmal gelingt es nicht, mit dem Kind in einer Weise zu kommunizieren, die es da abholt, wo es gerade steht. Darum ist es in diesem Zusammenhang nicht hilfreich, sich allzu sehr mit den Hintergründen zu beschäftigen, zumal Sie hier sehr oft nur Annahmen treffen können. Vielmehr ist es von Nutzen, zu überlegen, welche Mittel und Wege es gibt, um das Kind in seiner Entwicklung zu unterstützen und damit eine größere Teilhabe an der Gestaltung seines eigenen Lebens zu ermöglichen.
Ich gehe davon aus, dass sich jedes Kind im Rahmen seiner Möglichkeiten entwickeln kann. Nur weil ein Kind aktuell etwas nicht tut, heißt das nicht, dass es das niemals tun wird. Entscheidend ist, ob das Kind die Begleitung und Unterstützung bekommt, die es benötigt.
Wichtig ist mir, zu betonen, dass eine Soziale Anleitung nicht zum Ziel hat, das Verhalten eines Kindes durch Zwang oder Manipulation zu verändern. Das Kind soll nachvollziehen können, dass ein anderes Verhalten eher zu gelingender Interaktion führen wird als sein momentanes Verhalten. Manchmal ist es auch so, dass ein Kind noch nicht versteht, wie man in einer bestimmten Situation gut miteinander umgeht. Z. B. ist das Thema „Freundschaft" sehr komplex und es können viele Konflikte in diesem Zusammenhang auftreten.
An dieser Stelle werfen wir einen kurzen Blick auf die Bedürfnispyramide nach Abraham Maslow (1908–1970)[4].

Abb. 2: Bedürfnispyramide

4 Abraham Maslow war ein US-amerikanischer Psychologe und Begründer der Humanistischen Psychologie.

Maslow unterteilt die menschlichen Bedürfnisse in fünf Stufen, die aufeinander aufbauen. Sind die physiologischen Grundbedürfnisse wie Essen und Schlafen befriedigt, entwickeln Menschen das Bedürfnis nach Sicherheit. Hierzu zählt die körperliche und seelische Sicherheit ebenso wie die materielle Sicherheit.

Ist dieses Bedürfnis befriedigt, entwickelt sich das Bedürfnis nach Zugehörigkeit, Kommunikation, Gemeinschaft, gegenseitiger Unterstützung, Beziehung und Freundschaft, kurz: soziale Bedürfnisse.

Das Bestreben, etwas zum Gelingen des Lebens in der sozialen Gemeinschaft beizutragen und sich selbst als Teil einer Gemeinschaft zu erleben, entwickelt sich hier. Die Angst vor Zurückweisung liegt in der Befürchtung oder auch in dem realen Erleben begründet, diese Bedürfnisse nicht oder nicht ausreichend befriedigen zu können.[5]

Sich mit der Befriedigung dieser Bedürfnisse zu beschäftigen, setzt ein gewisses Maß an sozialen und emotionalen Kompetenzen voraus. Je mehr Gelegenheiten ein Kind bekommt, sich in sozialen Zusammenhängen auszuprobieren und zu üben, je mehr positive Rückmeldung es in diesem Bereich erfährt, desto mehr Chancen hat es, emotionale und soziale Kompetenzen zu entwickeln.

Das ist ein wichtiger Aspekt. Wenn Kinder wenig gelingende soziale Begegnungen und Freundschaften erleben, haben sie automatisch weniger Gelegenheit, diese Kompetenzen weiterzuentwickeln. Je nachdem, wie ein Kind sich selbst im Zusammenhang mit der Befriedigung sozialer Bedürfnisse erlebt, wächst die Angst vor Zurückweisung oder es wächst das Gefühl von Zugehörigkeit und Vertrauen in die eigenen sozialen Fähigkeiten.

Eine besondere Rolle spielen in diesem Zusammenhang „Zwangsgemeinschaften", wie Arbeitsplatz, Schule oder Kindergarten. Man hat keinen großen Einfluss auf die anderen Mitglieder dieser Gruppe und man wird auch nicht in sie „hineingeboren" wie in die Familie.

Da in jedem sozialen Gefüge andere Regeln gelten, setzt es ein hohes Maß an Flexibilität und Beobachtungsgabe aufseiten eines Kindes voraus, um in dieser neuen Gruppe (Schule, Kindergarten usw.) einen Platz zu finden. Dem Kind muss die Anpassung gelingen. Gelingt es dem Kind einigermaßen, sich an die sozialen Regeln und „ungeschriebenen Gesetze" in der Gruppe anzupassen, wird es seine Bedürfnisse nach Gemeinschaft, Zugehörigkeit, gegenseitiger Unterstützung und Freundschaft wahrscheinlich befriedigen können. Dies wird wiederum zu positiven emotionalen Erlebnissen und gelingenden sozialen Begegnungen führen. Gelingt es einem Kind jedoch nicht, die sozialen Regeln und „ungeschriebenen Gesetze" einigermaßen zu verstehen und sich daran anzupassen, wird es sich schwertun, sich als Teil dieser Gruppe zu begreifen. Es wird das Bedürfnis nach Anerkennung, Freundschaft und Zugehörigkeit in dieser Klasse oder Gruppe eher schlecht befriedigen können. Es wird weniger gute soziale Begegnungen haben. Damit schwindet auch die Motivation, sich an Regeln zu halten.

5 Vgl. Maslow, A. (1943): A Theory of Human Motivation. In: Psychological Review, 50(4), S. 370–396.

Noch einmal kurz zu der Bedürfnispyramide: Der Wunsch nach Stärke, Erfolg, Einzigartigkeit und Unabhängigkeit, das Bedürfnis nach Wichtigkeit und Achtung, kurz: das Individualbedürfnis, das Maslow über dem Sozialbedürfnis sieht, steht manchmal mit dem Bedürfnis nach Zugehörigkeit in Konflikt.
Ein Kind, das beispielsweise in einer Reihe vorn stehen möchte und dafür andere Kinder wegschubst, befindet sich in diesem Zwiespalt. Ebenso ist es beim Spielen, wenn es darum geht, zu gewinnen. Das Bedürfnis nach Erfolg und Überlegenheit steht im Konflikt mit dem Bedürfnis, dazuzugehören und Teil der Gruppe zu sein.
Ein Konflikt kann generell sehr leicht entstehen, wenn ein Kind mit diesen beiden Bedürfnissen ringt. Darum ist es für eine Soziale Anleitung in diesen Fällen wichtig, beide Bedürfnisse anzusprechen. Das Kind soll wissen, dass es in Ordnung ist und wichtig ist, beide Bedürfnisse zu haben.

Die Wirkung von Sprache

Viele Menschen erinnern sich noch als Erwachsene an Worte, die sie in ihrer Kindheit gehört haben. Das können ermutigende Worte einer Lehrkraft oder einer anderen Bezugsperson gewesen sein, genauso wie demütigende, verletzende oder beschämende Worte.
Auch das Bild, das wir von uns selbst haben, beruht oft auf Worten oder Sätzen, die wir in unserer Kindheit über uns selbst gehört haben. Manchmal ist es schwierig, im Erwachsenenalter diese Annahmen zu korrigieren. Worte und Sätze setzen sich fest.
Kurz gesagt: Sprache hat eine große Wirkung auf uns.
Da Kinder weniger Lebenserfahrung haben als Erwachsene, sind sie besonders empfänglich für das, was wir über sie reden oder zu ihnen sagen. Das Bild, das ein Kind von sich selbst entwickelt, ist auch davon abhängig, was es über sich selbst hört.
Vor diesem Hintergrund ist es sinnvoll, sich Worte und Sätze genau zu überlegen, bevor sie ausgesprochen werden. „Im Eifer des Gefechts" passiert es aber, dass Worte und Sätze gesprochen werden, ohne sie vorher zu durchdenken. Auch der Tonfall, in dem wir mit einem Kind sprechen, „macht die Musik". Das ist uns meistens nicht bewusst und wir wollen natürlich nicht absichtlich ein Kind demütigen oder verletzen.
Manchmal sind wir einfach genervt oder gereizt. Wir haben Dinge schon tausendmal gesagt und sie werden trotzdem nicht befolgt. Uns fällt spontan nichts Besseres ein und manchmal sind wir müde, überfordert oder schlecht gelaunt.

Geschriebene Sprache ist geformte Sprache

Schreibt man etwas nieder, hat man eher die Kontrolle darüber, was man ausdrückt und wie man es formuliert. Diese Tatsache ist eine wichtige Grundlage für die Arbeit mit Sozialen Anleitungen. In vielen Konflikten und Situationen, die immer wieder auftauchen, ist es nicht notwendig, sofort etwas zu sagen. Meistens haben Sie alles schon gesagt, was es zu sagen gibt. Eine weitere Wiederholung, Erklärung, Ermahnung oder Frage wird vermutlich nicht zur Lösung des Konflikts führen, genauso wenig, wie es die vorherigen Erklärungen, Ermahnungen oder Fragen getan haben.
Jedes weitere (unüberlegte) Wort ist wahrscheinlich überflüssig. Es kann sogar dazu führen, dass das Kind sich innerlich zurückzieht, weil es schon so oft ermahnt wurde oder schon so oft auf sein unpassendes Verhalten hingewiesen wurde. Wenn dies sogar im Beisein anderer Kinder passiert, kommt noch die Scham hinzu.
Sehr wahrscheinlich hat das Kind hierbei auch schon oft einen ermahnenden, missbilligenden Tonfall wahrgenommen.
Eine Soziale Anleitung kann für eine solche Situation eine Alternative sein. Ihre Stärke und Einzigartigkeit liegt in der bewusst geformten Sprache. Dadurch können Situationen, die sich bisher mit „spontanem Sprechen" nicht lösen ließen, verändert werden.
Eine Soziale Anleitung nimmt es Ihnen ab, Worte zu suchen und Sätze zu formulieren. Sie ist bereits fertig formuliert und Sie brauchen diese nur noch im richtigen Moment vorzulesen.

Das emotionale Erleben des Kindes

Die Soziale Anleitung ist fertig formulierte Sprache. Dadurch besteht die Chance, dass der Konflikt sich nicht auf die Beziehung zwischen dem Kind und Ihnen auswirkt. Die Beziehungsebene sollte so gut wie möglich außen vor bleiben. So erlebt das Kind eine innere Sicherheit. Sie treten dem Kind in keiner Weise zu nahe.
Soziale Anleitungen formulieren für das Kind nachvollziehbar und neutral, was es wahrscheinlich in einer bestimmten Situation als schwierig empfindet. So kann es sich zunächst verstanden und gesehen fühlen. Es wird nicht das unangemessene oder herausfordernde Verhalten in den Vordergrund gestellt, sondern es wird das verbalisiert, was das Kind vermutlich als schwierig empfindet. Damit ist gleich zu Anfang der Anleitung klar, dass das Kind nicht befürchten muss, kritisiert oder bloßgestellt zu werden. Es kann sich innerlich entspannen. Es wird deutlich formuliert, dass viele andere Menschen oder Kinder dies ebenfalls als schwierig empfinden oder ähnliche Wünsche haben. Mit diesem wichtigen Schritt stellt die Soziale Anleitung sicher, dass sich das Kind nicht als fehlerhaft empfindet, sondern dass es weiß, die Schwierigkeiten sind nachvollziehbar und verständlich. Es wird deutlich, dass es damit nicht allein dasteht.

Mit dieser wichtigen Information wird das Bedürfnis des Kindes nach Zugehörigkeit und Beziehung befriedigt. Das ist wichtig, denn viele Kinder, die schon oft für ein bestimmtes Verhalten oder eine bestimmte Reaktion kritisiert wurden, erleben Einsamkeit und Unzulänglichkeit.
Die Angst vor Zurückweisung ist oft begründet, denn viele Kinder machen im Laufe der Zeit die Erfahrung, dass ihr Verhalten sie tatsächlich aus der (Klassen-)Gemeinschaft ausschließt oder dass Lehrkräfte erwünschtes Verhalten erzwingen möchten.
Das unbefriedigte Bedürfnis, dass dem problematischen Verhalten zugrunde liegen kann, wird als gutes und sinnvolles Bedürfnis benannt. Die gute Absicht des Kindes wird gewürdigt.
Manchmal ist es auch eine falsche Annahme, die dem problematischen Verhalten zugrunde liegt. In diesem Fall wird dieses Missverständnis benannt und ausgeräumt.
Dem Kind wird in der Sozialen Anleitung verdeutlicht, warum manche Verhaltensweisen in einer bestimmten Situation eher zu Schwierigkeiten als zum Erfolg führen. So geben Sie dem Kind die Möglichkeit, nachzuvollziehen, warum sein Verhalten oder seine Reaktion nicht erfolgreich ist.
Das ist ein wichtiger Schritt, denn das Kind soll nicht manipuliert oder gezwungen werden, sein Verhalten zu ändern. Das würde nichts nützen, denn in der nächsten Situation würde sich das Kind vermutlich ähnlich problematisch verhalten.
In der Sozialen Anleitung werden alternative Verhaltensweisen angeboten, die im sozialen Kontext eher zum Erfolg führen. Das Kind kann die Sichtweise oder die Gefühle des Gegenübers verstehen, ohne sich selbst in der Kritik zu sehen.
Dadurch, dass das Kind innerlich entspannt ist, hat es überhaupt erst die Offenheit, auch das Gegenüber wahrzunehmen.
Dies geschieht auf eine taktvolle und wertschätzende Art und Weise. Niemals wird das Fehlverhalten direkt kritisiert. Es geht immer darum, dass Sie ein passenderes Verhalten anbieten, damit das Kind eher erfolgreich ist bzw. leichter nachvollziehen kann, warum Menschen in bestimmten Situationen so oder so reagieren und fühlen.
Zum Schluss führen Sie dem Kind immer vor Augen, welchen persönlichen Gewinn es selbst von einer Modifikation seines Verhaltens hätte. Es ist sinnvoll, dem Kind eine gedankliche „Stütze" anzubieten, denn oft „passiert" unerwünschtes Verhalten quasi „von selbst" und immer wieder. Wenn das Kind sich das nächste Mal in der Situation daran erinnert, warum es sich lohnt, sich anders zu verhalten, kann das oft eine Hilfe sein.
Manchmal ist es auch gut, die Bewertung, die ein Kind in bestimmten Situationen vornimmt, zu beleuchten und ihm zu helfen, diese zu überdenken.
Wichtig ist, dass das Kind mit seinen Gefühlen und Bedürfnissen wahrgenommen wird. Weder Bedürfnisse noch Gefühle werden in der Sozialen Anleitung abgelehnt. Die Möglichkeit, dass „es" wieder „passiert", wird in Betracht gezogen und gleichzeitig wird für diesen Fall eine Hilfe angeboten in Form einer Gedankenstütze. So wird das Kind auch beim nächsten Mal nicht allein gelassen.

Ein sehr wichtiger Punkt ist, dass Sie das Kind in einer Sozialen Anleitung niemals direkt ansprechen. Die Soziale Anleitung sorgt dafür, dass immer eine gewisse taktvolle Distanz zwischen dem Kind und Ihnen bestehen bleibt.
So kann sich das Kind sicher sein, dass ihm emotional nicht zu nahe getreten wird. Es kommt nicht in Bedrängnis oder hat das Gefühl, sich rechtfertigen zu müssen. Das Kind tappt nicht innerlich in die „ja, aber ..."- Falle. Damit wäre seine innere Bereitschaft dahin, sich auf eine andere Sicht der Dinge einzulassen.
Unangemessenes Verhalten wird also auf sachliche, nicht direktive Art und Weise thematisiert. Wünschenswerte Verhaltensweisen können präsentiert werden und das Kind kann erkennen, welchen persönlichen Gewinn es aus einer Modifikation seines Verhaltens ziehen kann. Dies könnte der Erhalt einer Freundschaft, das Wohlwollen einer Lehrkraft oder etwas anderes sein.

Die Bedeutung von Inklusion

Wie bereits erwähnt, erleben alle Kinder in ihrem familiären Umfeld eine Fülle an Regeln und Erwartungen, an die sie sich anpassen müssen. Manche dieser Regeln sind klar und deutlich, andere sind eher diffus und unausgesprochen, dazu gibt es oft noch Unterschiede in den Erwartungen von Mutter und Vater, von Oma, Tante oder Onkel.
In der Schule ist das Kind ebenfalls Regeln und Erwartungen ausgesetzt. Auch hier wird einiges klar kommuniziert, anderes eher weniger. Das Kind muss verstehen, welche Regeln in der Schule gelten und wie man sich verhält. Es muss sich anpassen. Vielleicht unterscheiden sich die Regeln und Erwartungen in einigen Punkten von denen, die es bisher von zu Hause oder aus dem Kindergarten kannte.
Vielleicht hat das Kind Schwierigkeiten, sein Bedürfnis nach Zugehörigkeit und Anerkennung in der Gemeinschaft so zu äußern, wie es in der Schule üblich und angemessen wäre.
Das kann dazu führen, dass das Kind frustriert und entmutigt wird. So entsteht ein Teufelskreis aus misslingender Kommunikation, misslingender Bedürfnisbefriedigung und unangemessenem Verhalten.
Ein Kind kann sich im Umgang mit den anderen Kindern vielleicht nicht an die Regeln halten oder stört immer wieder im Unterricht. Es zeigt damit sein Bedürfnis, als Teil der Gruppe wahrgenommen zu werden, und zeigt außerdem, dass es ihm schwerfällt, dieses Bedürfnis angemessen zu befriedigen. Aus welchem Grund auch immer gelingt es ihm nicht, sich anzupassen. Das Kind bewegt sich somit eher am Rand der Gruppe und erlebt sich wahrscheinlich nicht als gleichwertigen und anerkannten Teil der Gruppe.
Das Ziel von Inklusion wäre nun, dem Kind zu ermöglichen, ein anerkannter Teil der Gruppe zu werden. Seine unangemessene Reaktion oder Kommunikation hindert es daran. Sie stößt bei den Mitschüler*innen oder der Lehrkraft auf Unverständnis oder Ablehnung.

Das Ziel von Inklusion ist es, Mittel und Wege zu finden, dem Kind die Entwicklung hin zur Gruppe zu ermöglichen. Das Kind sollte die Möglichkeit bekommen, sich anzupassen. Inklusion sollte dem Kind ermöglichen, seine Bedürfnisse nach Zugehörigkeit und Freundschaft einerseits und nach Erfolg, Stärke und „Macht" andererseits in einem guten Rahmen zu befriedigen.
Da diese Anpassung eine große Leistung darstellt, ist es nicht überraschend, dass viele Kinder hierbei Unterstützung benötigen.

Inklusion und Menschenbild

Inklusion bedeutet zunächst einmal, alle Menschen mit einzubeziehen und einzuschließen. In gewissem Sinne benötigen wir alle Inklusion, denn wir alle haben unsere Eigenarten, unsere Vergangenheit und Erlebnisse, die unser Handeln, Denken und Fühlen prägen.
Es gibt jedoch einen Rahmen, in dem Verhalten und Kommunikation allgemein akzeptiert wird.
Für die Teilhabe an der Gesellschaft mit ihren ausgesprochenen und unausgesprochenen Regeln und Erwartungen bedarf es einer gewissen Einhaltung dieses Rahmens, es bedarf einer Anpassung. Dies gilt für jedes Netz gesunder Beziehungen, sei es am Arbeitsplatz, zu Hause oder in der Schule.
Da die Hindernisse, die die Teilhabe erschweren, sehr unterschiedlich sind, müssen auch die Hilfestellungen, die wir entwickeln, um alle Menschen mit einzubeziehen, sehr unterschiedlich sein. Eine Person, die auf den Rollstuhl angewiesen ist, benötigt eine Rampe; ein Kind, das schlecht sieht, benötigt eine Brille, um den Tafelanschrieb lesen zu können.
Ein Kind, das sich immer wieder „danebenbenimmt" und Schwierigkeiten im Klassengefüge verursacht, benötigt ebenfalls Hilfestellung, um in die Gruppe, z. B. die Klasse, einbezogen zu werden und sich anpassen zu können.
Legen wir die Bedürfnispyramide zugrunde und betrachten das Bedürfnis nach sozialer Zugehörigkeit, gelingender Kommunikation und gegenseitiger Unterstützung, kommt dem Thema Inklusion und Teilhabe eine zentrale Rolle zu.
Das Bedürfnis des Kindes nach sozialer Zugehörigkeit ebenso wie nach Erfolg und Ansehen gilt es unbedingt wahrzunehmen, um Inklusion nicht nur als sinnvoll, sondern als notwendig zu betrachten. Inklusion, also das Einbeziehen aller Menschen, ist, genau betrachtet, unumgänglich, um ein gelingendes Miteinander möglich zu machen.
Gelingt es nicht, alle Kinder zu erreichen und ihnen die Möglichkeit zu geben, sich zu beteiligen, kann Unzufriedenheit wachsen, können sich Randgruppen und Subkulturen bilden, sodass Kinder andere Wege finden, um ihr Bedürfnis nach Zugehörigkeit und Anerkennung sowie nach Erfolg und Ansehen befriedigen zu können.

Soziale Anleitungen und Inklusion

Es ist wichtig, zu lernen, dass Menschen unterschiedlich sind und jede*r seine*ihre Stärken und Schwächen hat. Es ist ebenso wichtig, zu verstehen, dass es in jeder Gesellschaft einen Konsens zum akzeptierten Verhalten gibt. Das bedeutet, es gibt Grenzen, innerhalb derer Verhalten und Kommunikation akzeptiert sind.

Jedes Kind muss lernen, sich so zu verhalten und so zu reagieren, dass es sich innerhalb dieses akzeptierten Rahmens bewegt. Eine Voraussetzung dafür, dass das Kind sich angemessen verhalten kann, ist, dass das Kind versteht, auf welche Art und Weise es in dieser Gemeinschaft seine Bedürfnisse befriedigen kann.

Das Kind soll sich nicht so verhalten, wie es üblich ist, um einen störungsfreien Ablauf des Unterrichts zu ermöglichen. Vielmehr kann der störungsfreie Ablauf des Unterrichts die Folge von gelingender Inklusion sein.

Eine Soziale Anleitung hat immer zum Ziel, dem Kind zu helfen, die Richtung hin zur sozialen Gruppe einzuschlagen. Das Kind soll die Möglichkeit haben, sein Verhalten und seine Kommunikation so anzupassen, dass seine Chancen wachsen, ein anerkannter Teil der Gruppe zu werden und gleichzeitig sein Bedürfnis nach Erfolg und Anerkennung nicht zu verleugnen.

Oftmals sind es einzelne Situationen, in denen ein Kind anders reagiert als erwartet und erwünscht, sodass es manchmal nur einen kleinen Anstoß braucht, um sich in diesen Situationen den Gegebenheiten anzupassen.

Eine Soziale Anleitung kann dem Kind helfen, zu verstehen, wie es reagieren oder kommunizieren kann, um als Teil der Gruppe oder Klasse anerkannt zu sein. Die Soziale Anleitung kann ebenso dabei helfen, die unterschiedlichen Bedürfnisse nach Freundschaft sowie nach Erfolg und Stärke zu koordinieren.

Dadurch, dass ein Kind sich so verhalten kann wie die anderen auch, wird es eine große Chance haben, als Freund*in anerkannt zu werden. Durch die Anerkennung als Teil der Gruppe kann es sein Bedürfnis nach sozialer Anerkennung, Kooperation und Freundschaft befriedigen. Durch die Befriedigung dieses Bedürfnisses kann es sich als Teil der Gemeinschaft begreifen und an der Gestaltung dieser Gemeinschaft (in dem Fall Klasse) teilhaben. Dies wiederum wird zur Folge haben, dass das Kind sich so verhält, wie es in der Klasse üblich ist. Es passt sich an. Und damit wird ein reibungsloser Ablauf des Unterrichts möglich. Wenn das Kind zu dem Schluss kommt, kein anerkanntes Mitglied der Gruppe oder Klasse zu sein, wird der oben beschriebene positive Kreislauf erschwert.

Das Kind wird sich vielleicht einer anderen Gruppe zuwenden, in der es Akzeptanz und Zugehörigkeit erleben kann.

Abb. 3 Gelingende Teilhabe

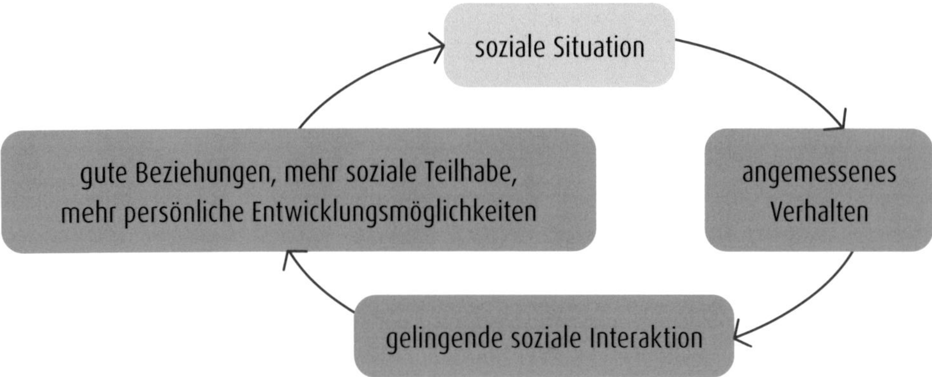

Abb. 4 Misslingende Teilhabe

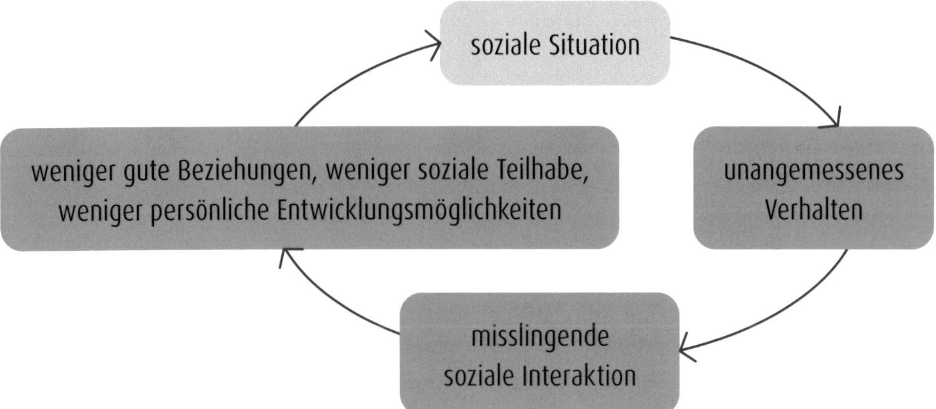

Zusammengefasst: Das Bedürfnis nach Anerkennung und gelingender sozialer Interaktion ist die Voraussetzung dafür, dass sich das Kind kooperativ verhalten möchte. Die Soziale Anleitung kann hier ansetzen: dem Kind verdeutlichen, wie es sich anpassen und in einer bestimmten Situation reagieren kann.

Ebenso richtet die Soziale Anleitung den Blick auf das Bedürfnis nach Stärke und Erfolg, soweit dies in der Situation eine Rolle spielt. Dem Kind wird eine größere Teilhabe möglich, es können Freundschaften und gute Beziehungen wachsen. In diesem Moment ist Inklusion gelungen. Die Soziale Anleitung ist als Brücke zu verstehen. Sie kann „erklären", wie soziale Interaktion und Kommunikation in einer bestimmten Situation gelingt. Sie kann dem Kind ein Stück weit erklären, wie unser Zusammenleben funktioniert.

Unterschiede zu anderen Strategien der Konfliktlösung

Im Unterschied zu vielen anderen Methoden können Sie mit einer Sozialen Anleitung emotional Abstand wahren. Sie selbst werden nicht zu unüberlegtem Sprechen verleitet oder dazu, sich einer vorwurfsvollen Stimmlage zu bedienen.
Einen Abstand zu wahren, bedeutet auch, dass Sie dem Kind emotional nicht zu nahe treten. Sie wahren eine respektvolle Distanz, die es dem Kind überhaupt erst ermöglicht, sich emotional zu öffnen. Das Kind hat die Sicherheit, dass es nicht im Geringsten angegriffen oder aufgefordert wird, sich zu äußern. Dadurch gerät es nicht in die Versuchung, sich und sein Verhalten zu rechtfertigen. Ebenso wird das Kind zu keinem Zeitpunkt kritisiert. Nicht einmal das problematische Verhalten wird direkt kritisiert, sondern eher wird objektiv betrachtet, was die (gute) Absicht ist und welches Verhalten eher erfolgversprechend sein könnte.
Durch diesen inneren Abstand und Respekt geben Sie dem Kind die Möglichkeit, sich zu entspannen. Es kann die Soziale Anleitung auf sich wirken lassen, ohne dass es im Hinterkopf schon eine Rechtfertigung oder ein „ja, aber …" bereithalten muss.
Die Soziale Anleitung wird nicht mit dem Kind diskutiert oder im Anschluss besprochen. Sie bleibt einfach für sich stehen. Das Kind bekommt die Gelegenheit in Ruhe nachzuvollziehen, wie die Soziale Anleitung seine Sicht der Dinge vielleicht verändert.
Sie würden (sicherlich zum wiederholten Male) die gleichen Dinge sagen, Sie würden die gleichen Dinge fragen, das Kind bedrängen, ob es denn nun verstanden hätte, worum es geht, usw. Es würde sich in die Ecke gedrängt fühlen und hätte keine innere Gelassenheit mehr. Eine Soziale Anleitung strahlt Ruhe aus.
Ein wichtiges Merkmal der Sozialen Anleitung ist die Einsicht des Kindes in seine Erfolgschancen. Nicht die Einsicht, warum das Verhalten schlecht war, sondern warum ein anderes Verhalten eher erfolgversprechend ist, ist entscheidend.
Das Kind soll nicht „überredet" oder „überzeugt" werden, sich anders zu verhalten.
Sie verdeutlichen dem Kind, warum sein aktuelles Verhalten problematisch ist und welchen persönlichen Gewinn es von einem anderen Verhalten hätte.

Von der Theorie zur Praxis

Voraussetzungen für den Einsatz

Damit Sie eine Soziale Anleitung erfolgreich einsetzen können, sind vorab einige Überlegungen notwendig. Auf den folgenden Seiten habe ich zusammengefasst, welche Punkte Sie vorab unbedingt prüfen sollten, bevor Sie entscheiden, ob eine Soziale Anleitung helfen könnte. Wenn die Voraussetzungen generell gegeben sind, müssen Sie die passende Soziale Anleitung auswählen. Vielleicht können Sie eine Soziale Anleitung genauso übernehmen, wie sie hier steht, vielleicht müssen Sie auch kleine Änderungen vornehmen, damit sie wirklich auf Ihre Situation passt. Je sorgfältiger Sie diese Überlegungen und Beobachtungen anstellen, umso eher kann eine Soziale Anleitung zum Erfolg führen.

Kognitive und sprachliche Möglichkeiten des Kindes

Das Kind, dass die Soziale Anleitung hören soll, muss in der Lage sein, diese zu verstehen. Es muss also einerseits die deutsche Sprache verstehen und andererseits kognitiv in der Lage sein, das Gehörte nachvollziehen zu können.
Bei Kindern ohne Förderbedarf, die Deutsch als ihre Muttersprache sprechen, ist dies ungefähr mit vier oder fünf Jahren der Fall. Bei Kindern, die (noch) Schwierigkeiten mit einer längeren Aufmerksamkeitsspanne haben, kann es hilfreich sein, eine kleine Skizze anzufertigen. Darauf können dann die Augen des Kindes ruhen, während die Soziale Anleitung gehört wird. Es sollte eine Skizze von der gelungenen Verhaltensänderung sein, z. B. ein fröhliches Gesicht oder zwei Kinder, die sich freundlich gegenüberstehen. Es reicht völlig, wenn dies ein „Smiley" ist oder einfache Strichmännchen.

Die soziale Anleitung muss passgenau sein

Sie müssen herausfinden, was genau zu dem problematischen Verhalten führt. Welche Gefühle und Motive stehen hinter dem problematischen Verhalten oder dem wiederkehrenden Konflikt. Es ist daher notwendig, zu erkennen, ob ein Kind z. B. aus dem Klassenzimmer hinausläuft, weil es gelangweilt ist, weil es überfordert ist, weil es die Lehrkraft nicht mag oder weil es die anderen Kinder nicht als seine Freund*innen erlebt.
Das Verhalten (aus dem Klassenzimmer laufen) ist immer gleich. Der Grund jedoch ist einmal eine kognitive Über- oder Unterforderung, einmal ein emotionales Ablehnen der Lehrkraft und einmal ein nicht befriedigtes Bedürfnis nach Freundschaft und sozialer Zugehörigkeit (siehe hierzu Soziale Anleitungen S. 63–66). Um nun mit einer Sozialen Anleitung in dieser Situation Erfolg zu haben, muss man den Grund herausfinden und entsprechend in der Sozialen Anleitung thematisieren. So kann es vier unterschiedliche Anleitungen für ein und dasselbe Verhalten geben.

Wann eine Soziale Anleitung eingesetzt werden kann

Zunächst einmal gilt: Jede Situation, in der ein Kind sich nicht so verhält, dass ein konstruktives Miteinander möglich ist, kann in einer Sozialen Anleitung thematisiert werden. Anders ausgedrückt: Im Alltag kommt es immer wieder zu Konflikten und Schwierigkeiten zwischen Kindern, das ist normal und menschlich. Es gibt jedoch Konflikte und Schwierigkeiten, die in bestimmten Situationen und vielleicht auch bei bestimmten Kindern immer wieder auftreten. Oft sind dies Verhaltensweisen, die Sie schon oft besprochen haben und die trotzdem immer wieder zu den gleichen oder ähnlichen Schwierigkeiten führen.
Manchmal haben Sie vielleicht das Gefühl, Sie sagen etwas immer und immer wieder oder haben es schon so oft mit dem Kind besprochen und es ändert sich trotzdem nichts.
Eine solche Situation eignet sich besonders gut, um eine Soziale Anleitung einzusetzen. Dies kann das Miteinander unter den Kindern betreffen, das Verhalten im Unterricht oder auch Situationen, in denen ein Kind falsche Schlüsse zieht oder sich von teilweise unbegründeten Ängsten leiten lässt. Ein Beispiel hierfür wäre das Aufstellen in einer Reihe, um z. B. zur Turnhalle zu gehen. Es gibt Kinder, die unbedingt vorn stehen möchten und dafür auch schubsen und drängeln. Die Annahme ist oft: „Wenn ich ganz vorne stehe, komme ich zuerst in die Turnhalle und kann länger turnen". Diese Annahme ist falsch, weil die Lehrkraft normalerweise erst dann zur Turnhalle läuft, wenn alle Kinder sich in die Reihe gestellt haben. Die Kinder, die unbedingt vorn stehen wollen, haben also keinen Vorteil.
Es muss nicht immer ein herausforderndes Verhalten vorliegen, um eine Soziale Anleitung einzusetzen. Es kann auch eine Situation sein, in der sich ein Kind unwohl fühlt oder die es traurig macht, z. B. viele Situationen rund um das Thema Freundschaft.

Wenn Sie das Gefühl haben, Kinder sind unsicher, lohnt es sich, herauszufinden, was dahintersteckt. Manchmal kann eine Soziale Anleitung hier sehr gut helfen, ohne dass das Kind ein „Gespräch" über sich ergehen lassen muss, das ihm vielleicht peinlich wäre.

Vorteile einer Sozialen Anleitung

Die Vorteile einer Sozialen Anleitung noch einmal zusammengefasst:

Für das Kind/die Kinder:

- Es fühlt sich in seiner Person angenommen und in seinem Verhalten verstanden.
- Es erhält Anweisungen, wie es in einer Situation reagieren kann oder wie es eine Situation bewerten kann.
- Ein respektvoller Abstand zwischen Kind und Lehrkraft bleibt bestehen.
- Es bleibt selbstbestimmt.
- Es muss sich nicht offenbaren.
- Es fühlt sich nicht gedemütigt, unverstanden oder bloßgestellt.
- Es hat nicht das Gefühl, sich oder sein Verhalten rechtfertigen zu müssen.

Für die Lehrkraft/die Betreuungsperson:

- Sie schont ihre Nerven.
- Sie kann auf vorgeformte Sprache zurückgreifen.
- Sie kommt nicht in Versuchung, einen unangemessenen Ton anzuschlagen.

Für die ganze Klasse/für alle Beteiligten:

- Der Kreislauf aus herausforderndem Verhalten – Zurechtweisung – schlechter Stimmung – herausforderndem Verhalten wird durchbrochen.
- Konflikthafte Situationen verlieren an Gewicht.

Praktische Durchführung

Eine Soziale Anleitung anwenden

Die Soziale Anleitung wird dem Kind, das betroffen ist, vorgelesen.
Wenn die Anleitung nur ein Kind der Gruppe betrifft, wird sie nur diesem einen Kind vorgelesen (z. B. in der Pause). Wenn die Anleitung die ganze Gruppe betrifft, wird sie allen Kindern zusammen oder in Kleingruppen vorgelesen. Eine gute Möglichkeit sind Kleingruppen von drei bis fünf Kindern.

Die Soziale Anleitung wird eher „nebenbei" vorgelesen.
Die Geschichte sollte beiläufig gehört werden, um der konflikthaften Situation bzw. dem herausfordernden Verhalten nicht zu viel Gewicht beizumessen. Manchmal sind die Kinder oder das betreffende Kind emotional so sehr beteiligt, dass eine gewisse innere Distanz aufseiten des Kindes ermöglicht wird. „Nebenbei" bedeutet, dass das Kind zwar zuhört, es kann jedoch auch gerade einen Gegenstand in der Hand halten, ruhig spielen oder etwas essen. Die Lehrkraft sagt z. B. „Ich lese dir mal kurz etwas vor". Dann wartet sie einen Moment ruhig und ohne zu sprechen, bis das Kind bereit ist, zuzuhören.

Die Soziale Anleitung wird mit emotional neutraler Stimme vorgelesen.
Auch hierfür liegt der Grund im oben beschriebenen emotionalen Erleben des Kindes. Die Anleitung soll dazu beitragen, dass das Kind sich im Zusammenhang mit dem Gedanken an das herausfordernde Verhalten oder die misslungene Kommunikation entspannen kann. Solange es in Aufregung gerät, kann es die Informationen aus der Anleitung nicht in geeigneter und hilfreicher Weise aufnehmen. Wenn das Kind innerlich damit beschäftigt ist, eine Abwehrreaktion vorzubereiten, ist es nicht in der Lage, der Sozialen Anleitung die hilfreichen Informationen zu entnehmen.
Wird die Soziale Anleitung hingegen „unaufgeregt" und langsam vorgelesen wie ein Sachbuch, kann das Kind sich innerlich entspannen. Die emotionale Entspannung ermöglicht wiederum die gedankliche Beschäftigung mit dem Inhalt der Sozialen Anleitung.

Das Kind wird während des Vorlesens nicht angeschaut oder angesprochen.
Dies trägt dazu bei, eine innere Distanz zwischen Kind und Lehrkraft herzustellen oder zu bewahren. Das Kind soll sich nicht gedrängt oder beobachtet fühlen, sondern sich unbeobachtet und in Sicherheit wissen. So hat das Kind die Chance, sich auf das Gehörte einzulassen.
Es ist daher nicht hilfreich, mit Blicken oder Worten eine Beziehung herstellen zu wollen oder sich der guten Beziehung zu versichern. Das Vorlesen einer Sozialen Anleitung soll dem Kind Raum geben. Blicke oder Fragen lenken die Aufmerksamkeit weg von der Sozialen Anleitung hin zur Beziehungsebene. Das soll nicht passieren.

Über die Soziale Anleitung wird nicht gesprochen.
Sie wird nicht reflektiert und es wird nicht besprochen, was das Gehörte nun für das Kind bedeuten könnte. Die Soziale Anleitung steht für sich. Wir geben dem Kind Raum und Gelegenheit, sich mit dem Gehörten auseinanderzusetzen, es auf sich selbst zu beziehen und nachzuvollziehen. Die Soziale Anleitung ist so geschrieben, dass sie all dies ermöglicht. Jedes weitere Wort wäre nicht nur überflüssig, es wäre sehr wahrscheinlich für das Gelingen einer Verhaltensänderung eher hinderlich. Wir trauen dem Kind zu, die Soziale Anleitung zu verarbeiten und die Wahrheit, die darin liegt, zu prüfen. Für diesen Prozess soll es sich in emotionaler Sicherheit wissen. Das Kind soll nicht durch ein Besprechen der Sozialen Anleitung in eine Richtung gedrängt oder überzeugt werden.

Die Soziale Anleitung wird in keinem anderen Zusammenhang aufgegriffen.
Jede Anleitung steht für sich und ist in der Situation hilfreich, für die sie geschrieben wurde. Sie wird nicht instrumentalisiert, indem man in anderen Situationen auf sie Bezug nimmt (z. B. „Denk daran, was wir gelesen haben!").
Das Kind würde wahrscheinlich die Hintergedanken, die man dabei hätte, spüren.
Das würde wiederum dazu beitragen, dass das Kind der Sozialen Anleitung misstraut.

Nach dem Vorlesen wird möglichst eine andere Tätigkeit aufgenommen.
Es ist günstig, den Ort zu wechseln oder sich zumindest einer anderen Tätigkeit zuzuwenden, um keinen Leerlauf entstehen zu lassen. Es könnte dem Kind peinlich oder unangenehm sein, wenn nach dem Lesen eine Stille eintritt. Vielleicht befürchtet es sogar, dass es nun doch angesprochen wird und sich rechtfertigen muss. Darum ist es hilfreich, sich gleich etwas anderem zuzuwenden.

Die Soziale Anleitung wird in einer neutralen Situation vorgelesen.
Das bedeutet nicht unmittelbar vor der thematisierten Situation und ebenfalls nicht direkt danach. Das Kind wäre wahrscheinlich innerlich noch zu aufgewühlt. Damit das Kind die Soziale Anleitung wirklich hören kann, ist eine ruhige, vielleicht sogar langweilige Situation hilfreich.
Wird die Anleitung im direkten Zusammenhang mit dem Konflikt gelesen, könnte das Kind den Schluss ziehen, dass die Anleitung nur deswegen gelesen wird. Es ist nicht das Ziel, dem Kind „heimlich" eine Änderung seines Verhaltens „unterzujubeln". Es soll nicht in die Lage kommen, sich gedrängt, angegriffen oder kritisiert zu fühlen. Genau das würde jedoch geschehen und das Kind würde sich vermutlich innerlich darauf vorbereiten, sich zu rechtfertigen. Wie bereits erwähnt, wäre dies für den gewünschten Erfolg hinderlich.

Die Soziale Anleitung wir je nach Bedarf wiederholt.
Warten Sie ein paar Tage ab und beobachten Sie das Kind. Wenn sich die Situation wieder nähert, in der das Verhalten problematisch war, zeigt sich, ob es bereits zu einer Änderung im Verhalten kommen konnte. Wenn nicht, lesen Sie die Soziale Anleitung in einer geeigneten Situation noch einmal vor.
Wie schnell eine Soziale Anleitung zu einer Änderung im Verhalten oder in der Kommunikation führt, hängt zum einen von der Situation ab, in der es zu den Schwierigkeiten kommt. Tritt diese Situation nur einmal pro Woche auf, z. B. in einem bestimmten Unterrichtsfach, kann es länger dauern als in Situationen, die jeden Tag auftreten. Es ist also möglich, dass Sie eine Soziale Anleitung nur ein- bis 2-mal vorlesen und sich das Verhalten ändert, es kann jedoch auch sein, dass es länger dauert.
Zum anderen ist es davon abhängig, wie genau die Soziale Anleitung passt.
Tritt auch nach mehreren Wochen keine Änderung ein, können Sie die Soziale Anleitung zur Seite legen. Sehr wahrscheinlich passt sie nicht zu der Situation. In diesem Fall lohnt es sich, noch einmal genau zu beobachten, wann genau das unangemessene oder herausfordernde Verhalten auftaucht. Wer ist beteiligt? Was genau führt zu dem Verhalten? Wie ist die Umgebung? All das sind Fragen, die Sie sich erneut stellen sollten. Unter Umständen ist es ausreichend, wenn Sie einen Teil der Sozialen Anleitung modifizieren.

Eine Soziale Anleitung schreiben

In diesem Buch finden Sie eine Sammlung von Anleitungen, die viele Situationen abdecken, in denen Schwierigkeiten und Konflikte auftauchen. Es wird jedoch auch Situationen geben, die in diesem Buch nicht aufgegriffen werden.
Darum ist es mir ein Anliegen, Ihnen zu erklären, wie Sie eine Soziale Anleitung selbst entwickeln können. Im Folgenden stelle ich Ihnen das „Grundrezept" vor. Wenn Sie die Sozialen Anleitungen lesen, werden Sie feststellen, dass sie nicht immer ganz genau so aufgebaut sind, wie ich es Ihnen hier erläutere. Betrachten Sie die folgende Anleitung daher tatsächlich als ein „Grundrezept", das Sie erproben und verändern können.[6]

6 vgl. Gray, C. & Garand, J. (1993): Social Stories. Improving responses of students with autism with accurate social information. Focus on Autistic Behavior, 8(1), S. 1–10.

Vorbereitung

Zu Beginn ist es nötig, zu beobachten, welches Thema oder welcher Konflikt immer wieder auftaucht. Es gilt, herauszufinden, was genau das Thema ist. Es kann z. B. sein, dass ein Kind immer wieder Schwierigkeiten hat, mit anderen Kindern ein Brettspiel zu spielen, weil es das Verlieren schwer aushalten kann. Oder ein Kind hat Schwierigkeiten, ein Brettspiel zu spielen, weil es die Spielfigur nur in einer ganz bestimmten Farbe akzeptiert. Es ist also wichtig, genau zu beobachten, was das Problem ist. Wenn es hier immer wieder zu Störungen kommt und Sie das Gefühl haben, mit den bisherigen Methoden (z. B. Besprechen, Erinnern, Erklären etc.) nicht erfolgreich zu sein, könnte das eine Gelegenheit sein, eine Soziale Anleitung zu entwickeln. Wichtig ist, das Kind in der herausfordernden Situation erst einmal genau zu beobachten oder, wenn das nicht möglich ist, sich die Situation von der Person, bei der das Problem auftritt, genau beschreiben zu lassen.
Die folgenden Fragestellungen helfen Ihnen, differenzierte Betrachtungen anzustellen:

- Was genau bereitet Schwierigkeiten? (Das Verlieren beim Brettspiel oder das Wählen einer Farbe beim Brettspiel?)
- Wer ist alles beteiligt? Sind es immer dieselben Kinder? Ist es eine Gruppe von Freund*innen oder eher Kinder, die sich nicht mögen?
- Tritt das Verhalten in ähnlichen Situationen ebenfalls auf?
- Aus welchem Grund könnte das Kind in der unangemessenen Weise reagieren? (Welches Bedürfnis, welche Angst oder welche sonstige Motivation könnte hinter seinem Verhalten stecken?)
- Was könnte das Kind daran hindern, in einer angemessenen Weise zu reagieren? (Frühere Erfahrungen von Misserfolg, Ablehnung durch Gleichaltrige, Erleben von persönlichen Nachteilen, wenn man angemessen reagiert)

Am besten machen Sie sich Notizen, damit Sie später beim Schreiben die wesentlichen Punkte nicht aus den Augen verlieren.
Nun überlegen Sie, welchen Vorteil das Kind hätte, wenn es angemessen reagieren würde. Das kann vieles sein, hier ein paar Bespiele:

- der Erhalt von Freundschaften
- das Wohlwollen der Lehrkraft
- eine gute Stimmung in der Gruppe
- die Möglichkeit, etwas Schönes zu tun
- …

Für das Entwickeln einer Sozialen Anleitung ist es wichtig, dass Sie diesen persönlichen Gewinn des Kindes benennen. Manchmal ist es nicht so einfach, den persönlichen Gewinn für das Kind zu ermitteln. In so einem Fall können Sie überlegen, welcher Gewinn dem Kind wohl etwas bedeuten könnte: der Erhalt einer Freundschaft, eine wohlgesonnene Lehrkraft, die nicht schimpft, usw. Denn tatsächlich ist es so, dass eine Modifizierung eines Verhaltens oder eines Bewertens einer Situation meist ein gelingendes Miteinander in irgendeiner Form ermöglicht. Wir müssen nun Worte finden, die das gelingende Miteinander für das Kind als Gewinn verstehen kann.

Praktische Hinweise

Die soziale Anleitung ist prinzipiell in der ersten und dritten Person geschrieben. Sie beginnen am besten in der dritten Person, um sicherzustellen, dass die Soziale Anleitung die nötige Distanz wahrt und Sie dem Kind nicht zu nahe treten. Im Verlauf der Anleitung können Sie in die erste Person wechseln. Der Wechsel in die erste Person bietet sich an, sobald es um die Modifizierung des Verhaltens geht. Der Wechsel ermöglicht dem Kind, die Anleitung besser auf sich selbst zu beziehen. Meist merkt das Kind nicht, dass die Anrede gewechselt hat, und das ist auch gewollt. Würde das Kind merken, dass es nun um „ich" geht und nicht mehr um „man", könnte es misstrauisch werden und die Anleitung wäre wahrscheinlich nicht mehr nützlich.
Eine soziale Anleitung bedient sich einer genauen und zugleich einfachen Wortwahl. Die Worte müssen so gewählt werden, dass das Kind deren Bedeutung möglichst genau kennt. Manchmal müssen Sie mit einigen Wörtern spielen, um herauszufinden, welche genau passen. Bemühen Sie sich immer um eine einfache Wortwahl. Je einfacher und eindeutiger die Worte, desto besser. Die Sätze sollen ebenfalls so einfach wie möglich sein. Es ist ratsam, sehr kurze Sätze zu bilden und besonders viele beschreibende Sätze zu verwenden. Manchmal wirken die Sätze beim Lesen schon fast banal. Das trägt zum einfacheren Verständnis bei. Das Kind soll beim Hören wenig Aufmerksamkeit auf Wortwahl und Satzbau verwenden und seine Aufmerksamkeit so ungeteilt wie möglich auf den Inhalt richten. Dafür sind eine einfache Wortwahl und ein einfacher Satzbau eine wichtige Voraussetzung. Jeder Entwurf wird nach dem Schreiben noch einmal anhand folgender Kriterien überarbeitet und geprüft:

- logischer Aufbau, roter Faden
- keine inhaltlichen Sprünge
- Sätze kürzen
- Überflüssiges streichen
- Wortwahl vereinfachen
- Wirkt die Anleitung insgesamt „rund"?

Die soziale Anleitung kann zusätzlich von Ihnen illustriert werden. Dabei ist es wichtig, wie auch beim Text, auf alles Überflüssige zu verzichten. Die Illustration soll die gelungene Verhaltensmodifikation zeigen, also beispielsweise eine lächelnde Lehrkraft oder zwei Kinder, die sich gegenüberstehen. Sie können einfache Strichmännchen zeichnen oder „Smileys".

Die Illustration hat den Vorteil, dass das Kind seine Aufmerksamkeit darauf richten kann, während es die Soziale Anleitung hört. So ist die visuelle Wahrnehmung als zweiter Kanal ebenfalls beteiligt. Bei vielen Menschen ist eine Verarbeitung visuell aufgenommener Informationen leichter möglich, sodass es sich anbietet, den visuellen Kanal mit einfachsten Mitteln mit einzubeziehen. So vermeiden Sie, dass das Kind durch andere visuelle Reize abgelenkt wird.

Mögliche Satzanfänge

Einstieg:

Viele Kinder mögen gern .../finden es schön, wenn .../finden es schwer, dass ...

In der Schule ist es oft so, dass ...

Ende:

Wenn ich mich daran erinnere, dass ... kann ich es leicht schaffen, dass ...

Ich kann daran denken, dass ...

Ich kann mich darüber freuen, dass ...

Die Soziale Anleitung schreiben

Jede soziale Anleitung besteht aus drei Teilen:

1 Mitteilung des Themas

Zu Anfang wird das Thema des Konfliktes mitgeteilt. Dabei ist es wichtig, zu betonen, dass viele Menschen oder viele Kinder ähnlich fühlen, ähnliche Wünsche und ähnliche Schwierigkeiten haben wie das Kind, das das problematische Verhalten zeigt. Das ist bedeutsam, damit das Kind das Gefühl haben kann, gut und richtig zu sein und mit seinem Empfinden nicht allein dazustehen.

Beispiel:

Vielen Kindern macht es Spaß, mit Freunden oder Geschwistern Spiele zu spielen, z. B. „UNO" oder „Mensch ärgere dich nicht".

Diese Spiele gehen so, dass einer als Erstes fertig ist. Wer als Erstes fertig ist, hat gewonnen.

Die anderen können dann noch weiterspielen, bis alle fertig sind, oder sie hören auf.

Dann ist das Spiel ist zu Ende.

2 Erläuterung des Problems

Als Nächstes wird das Problem erläutert. Dabei ist wichtig, dass keine Bewertung stattfindet. Jedes Verhalten, auch wenn es unerwünschtes Verhalten ist, geschieht aus einem guten Grund, nämlich dem Versuch, ein Bedürfnis zu befriedigen. Dieses Bedürfnis ist zunächst einmal als Motivation vorhanden. Es gilt, dieses zu benennen und zu akzeptieren.

Das Problem entsteht häufig durch eine unpassende Bemühung, das Bedürfnis zu befriedigen. Kann das Kind in einer bestimmten Situation sein starkes Bedürfnis nicht befriedigen (z. B. beim Spielen gewinnen), wird es zu einem Problem.

Beispiel:
Alle Kinder und alle Erwachsenen gewinnen gern. Man fühlt sich gut und stark, wenn man es geschafft hat, zu gewinnen.
Es gewinnt immer eine Person. Die anderen gewinnen nicht, sie verlieren.
Wenn man verliert, ist man enttäuscht. Alle Kinder und alle Erwachsenen sind enttäuscht und manchmal ärgern sie sich, wenn sie verlieren. Das ist normal.
Wenn ich gewinne, fühle ich mich gut und freue mich. Wenn ich verliere, bin ich enttäuscht. Vielleicht ärgere ich mich oder ich werde wütend. Es kann sein, dass ich das Spielbrett umwerfen möchte oder jemanden schlagen. Dann müssen wir aufhören. Die anderen Kinder ärgern sich, dass sie nicht weiterspielen können.
Spielen ist spannend, weil es eine Überraschung ist, wer gewinnt und wer verliert.
Beim Spielen ist es schön, etwas gemeinsam mit Freunden zu tun. Ich freue mich, mit meinen Freunden Zeit zu verbringen.
Manchmal werde ich gewinnen und manchmal werde ich verlieren. Niemand weiß vorher, ob er gewinnen oder verlieren wird.

3 Persönlicher Gewinn für das Kind

Am Ende steht die Schlussfolgerung, die das Kind aus dem Gehörten ziehen kann. Dabei muss deutlich werden, welchen persönlichen Gewinn das Kind durch eine Änderung des Verhaltens haben würde.

Beispiel:
Wenn ich verliere, kann ich mich daran erinnern, dass es normal ist, enttäuscht oder wütend zu sein.
Ich kann mich daran erinnern, dass es schön ist, mit meinen Freunden Zeit zu verbringen.
Manchmal werde ich gewinnen, manchmal wir ein Freund gewinnen. Wenn ich mich daran erinnere, wird es mir gelingen, nicht so wütend zu werden, dass ich jemanden schlage oder das Spielbrett umwerfe.
Die anderen Kinder werden sich freuen und sie werden gerne mit mir spielen.
Ich kann mich darüber freuen, dass das gemeinsame Spielen Spaß gemacht hat.
Ich freue mich darüber, dass meine Freunde gerne mit mir spielen.

Soziale Anleitungen für einzelne Situationen

Im folgenden Teil finden Sie Soziale Anleitungen für eine Vielzahl an Konflikten. Sie sind thematisch in drei Rubriken gegliedert. Diese drei Rubriken sind nur eine grobe Einteilung und dienen der ersten Orientierung.
Es ist möglich, dass Sie eine passende Anleitung in einer anderen Rubrik finden als vermutet. Viele Konflikte betreffen nicht nur die Schule oder nicht nur das außerschulische Geschehen, sodass eine eindeutige Zuordnung manchmal schwierig ist.

Konflikte zwischen Kindern (S. 31–43)

Hier finden Sie Soziale Anleitungen, die Konflikte zwischen Kindern thematisieren.
Die Konflikte, die hier aufgegriffen werden, entstehen meistens im außerschulischen Zusammensein unter Kindern. Sie betreffen Spielsituationen oder Situationen zwischen Freund*innen.

Konflikte im Unterricht (S. 47–66)

Die Sozialen Anleitungen in dieser Rubrik thematisieren Konflikte, die im Zusammenhang mit dem Unterrichtsgeschehen auftauchen.
Das kann sowohl einzelne Kinder betreffen, die das Unterrichtsgeschehen stören oder zu Konflikten im Ablauf des Unterrichts beitragen, als auch Konflikte zwischen Kindergruppen innerhalb einer Klasse.

Konflikte mit dem Umfeld (S. 68–79)

Die Sozialen Anleitungen in dieser Rubrik beschäftigen sich mit Konflikten, die im Zusammenhang mit unterschiedlichsten außerschulischen Themen entstehen können. Die Auswirkungen dieser Konflikte betreffen indirekt manchmal auch das Unterrichtsgeschehen oder werden von den Kindern in die Klasse getragen.
Es werden Konflikte des einzelnen Kindes mit seinem Umfeld thematisiert. Hierzu zählen auch Konflikte im Zusammenhang mit interkulturellen Themen und allgemeinen Verhaltensproblematiken.

Konflikte zwischen Kindern - *Übersicht*

1. Sich in einer Reihe aufstellen

wenn man drängelt und rennt, weil man vorn stehen möchte

Manchmal stellen sich in der Schule alle Kinder hintereinander auf, zum Beispiel bevor sie in die Pause gehen.

2

Viele Kinder möchten gern ganz vorn stehen. Sie rennen vielleicht, damit sie möglichst vorn stehen. Es kann passieren, dass sie andere Kinder dabei schubsen oder stoßen. Vielleicht tut sich ein anderes Kind weh. Wenn Kinder drängeln und schubsen, schimpft die Lehrerin. Vielleicht müssen alle Kinder jetzt länger warten, bis sie endlich in die Pause gehen können. Es kann immer nur ein Kind vorn sein, die anderen stellen sich dahinter an. Weil viele Kinder gern vorn stehen, ist es gut, abzuwechseln. So kann sich jeder einmal freuen, dass er ganz vorn steht.
Ich freue mich, wenn ich ganz vorn stehe. Wenn ich weiter hinten stehe, kann es sein, dass ich mich darüber ärgere.

3

Wenn es mich sehr ärgert, dass ich nicht vorn stehe, kann ich mich daran erinnern, dass ich ein anderes Mal wieder vorn stehen werde. Ich kann mich daran erinnern, dass das Kind, das heute vorn steht, sich jetzt wahrscheinlich freut. Es ist gut, wenn sich Kinder freuen, denn dann sind sie gut gelaunt. Wenn die anderen Kinder gut gelaunt sind, macht es Spaß, mit ihnen zu spielen und zu lachen.
Ich kann daran denken, dass die Lehrerin schimpfen wird, wenn ich drängele oder schubse. Wenn ich daran denke, kann ich es schaffen, dieses Mal weiter hinten zu stehen, ohne mich darüber zu ärgern.
Ich kann mich darauf freuen, dass ich ein anderes Mal wieder vorn stehen werde.
Ich kann daran denken, dass die Lehrerin und die anderen Kinder gut gelaunt sind und wir etwas Schönes zusammen machen können.

2. Sich in einer Reihe aufstellen ist nur Mittel zum Zweck

wenn man es schwierig findet, sich ruhig in einer Reihe aufzustellen

1 Manchmal müssen sich Kinder in der Schule in einer Reihe aufstellen, zum Beispiel wenn sie zum Turnen gehen. Das ist wichtig, damit die Lehrerin einen Überblick hat, ob alle Kinder da sind. Es ist auch wichtig, damit die Kinder ruhig und langsam in die Turnhalle gehen und nicht so viel Lärm machen, der dann andere Klassen stören könnte. Erst wenn die ganze Klasse an der Turnhalle angekommen ist, schließt die Lehrerin auf. Die Kinder, die vorn stehen, sind nicht schneller in der Turnhalle als die Kinder weiter hinten. Die Kinder, die in der Reihe vorn stehen, müssen warten, bis alle sich angestellt haben. Sie müssen warten.

2 Manche Kinder möchten gern ganz vorn stehen, weil sie denken, sie wären dann schneller in der Turnhalle. Sie rennen manchmal, dabei kann es passieren, dass sie drängeln oder schubsen. Vielleicht tut sich ein anderes Kind dabei weh.
Dann kann es sein, dass die Lehrerin schimpft. Es dauert dann länger, bis man zur Turnhalle gehen kann, weil alle warten müssen, bis sie fertig ist mit Schimpfen.
Wenn ich losrennen will, um vorn zu stehen, kann ich mich daran erinnern, dass ich nicht schneller in der Turnhalle sein werde, wenn ich vorn stehe. Ich werde Geduld brauchen, weil ich warten muss, bis sich alle angestellt haben.
Ich kann daran denken, dass wir uns nur aufstellen, um dann zum Turnen zu gehen.
Wir stellen uns nur auf, um dann etwas anderes zu tun, das Aufstellen ist nicht wichtig.

3 Es ist gut, wenn ich mich daran erinnere, denn dann kann ich mich ruhig anstellen. Ich kann daran denken, dass die Lehrerin erst aufschließt, wenn alle an der Turnhalle angekommen sind. Wenn wir es schaffen, uns ohne Drängeln und Schubsen aufzustellen, haben wir mehr Zeit zum Turnen.
Wenn ich mich daran erinnere, kann ich es gut schaffen, dieses Mal weiter hinten in der Reihe zu stehen.

3. Eine andere Meinung als der Freund haben

wenn man sich aus Angst vor Ablehnung nicht traut, Nein zu sagen

1 Viele Kinder finden es schön, Freunde zu haben. Mit einem Freund kann man spielen, weil man oft die gleichen Dinge schön findet und die gleichen Dinge mag. Manchmal kann es sein, dass ein Freund etwas möchte, das man selbst nicht möchte. Das ist normal.

2 Viele Kinder und viele Erwachsene sagen nicht gerne: „Nein, ich möchte das nicht!" zu einem Freund. Sie denken, dass der Freund sie nicht mehr mag, wenn sie Nein sagen. Darum möchte man nicht so gern Nein zu einem Freund sagen. Das ist normal.
Wenn man etwas macht, das man eigentlich nicht möchte, ist man hinterher oft unzufrieden. Vielleicht ärgert man sich auch oder man ist traurig.
Mein Freund mag manchmal etwas nicht und manchmal mag ich etwas nicht. Das ist in Ordnung. Mein Freund wird es verstehen, dass ich manchmal Nein sage. Er weiß, dass ich Nein sage, weil ich etwas nicht mag oder eine andere Meinung habe. Er weiß, dass ich ihn trotzdem mag.
Wenn ich dem Freund sage: „Nein, das möchte ich nicht!", kann mein Freund verstehen, dass ich etwas nicht möchte. Er kann es erst wissen, wenn ich es ihm sage. Wenn ich nicht Nein sage, kann mein Freund nicht wissen, dass ich es nicht mag.
Er ist trotzdem mein Freund, auch wenn ich zu ihm sage: „Nein, das mag ich nicht!" Vielleicht schlägt mein Freund etwas anderes vor oder ich habe eine Idee, die wir beide gut finden. Oder wir machen später wieder etwas zusammen.
Wir bleiben Freunde, auch wenn wir eine unterschiedliche Meinung haben. Wir bleiben Freunde, auch wenn wir in einem Moment nicht das Gleiche möchten.
Wenn ich nur bei Dingen mitmache, die ich mag, werde ich ein gutes Gefühl haben. Darum ist es wichtig, dass ich Nein sage, wenn ich etwas nicht möchte. Wenn ich ein gutes Gefühl habe, können wir zusammen Spaß haben.

3 Wenn ich eine andere Meinung habe als mein Freund, kann ich mich daran erinnern, dass es gut ist, Nein zu sagen. Ich kann daran denken, dass wir trotzdem Freunde bleiben, auch wenn wir eine unterschiedliche Meinung haben.
Wenn ich daran denke, kann ich zu meinem Freund Nein sagen, wenn ich etwas nicht möchte. Ich kann mich daran erinnern, dass wir trotzdem Freunde bleiben.

4. Mein Freund spielt heute nicht mit mir

wenn man befürchtet, dass der Freund einen nicht mehr mag

1 Viele Kinder haben gerne Freunde. Man kann zusammen spielen und andere schöne Dinge tun. Manchmal kann es sein, dass ein Kind etwas allein tun möchte. Das ist in Ordnung.

2 Es kann sein, dass ich mit meinem Freund spielen möchte und er gerade nicht mit mir spielen möchte. Es bedeutet, dass mein Freund gerade etwas gefunden hat, das ihn sehr interessiert. Es ist in Ordnung, wenn Freunde ab und zu etwas allein tun möchten. Es ist in Ordnung, wenn Freunde manchmal mit einem anderen Kind spielen möchten. Solange mein Freund beschäftigt ist, kann ich etwas anderes spielen. Vielleicht kann ich mit einem anderen Kind spielen. Oder ich schaue meinem Freund zu. Er ist trotzdem mein Freund. Auch wenn er im Moment nicht mit mir spielt.
Später habe ich vielleicht eine Idee, die mein Freund auch schön findet, und wir spielen dann zusammen. Ich freue mich, wenn meinem Freund meine Idee gefällt.
Vielleicht hat mein Freund später eine Idee, die ich gut finde, und wir spielen zusammen. Mein Freund freut sich, wenn mir seine Idee gefällt.

3 Wenn mein Freund etwas ohne mich tut, kann ich mich daran erinnern, dass er trotzdem noch mein Freund ist. Ich freue mich, dass wir Freunde sind, auch wenn wir nicht immer miteinander spielen. Ich kann daran denken, dass es in Ordnung ist, manchmal etwas allein zu tun. Ich weiß, dass es in Ordnung ist, manchmal mit einem anderen Kind zu spielen.
Wenn ich daran denke, dass wir trotzdem Freunde bleiben, kann ich es aushalten, dass mein Freund gerade nicht mit mir spielt.

5. Beim Spielen verlieren

wenn man nicht gewinnt und mit der Enttäuschung umgehen muss

1 Vielen Kindern macht es Spaß, mit Freunden oder Geschwistern Spiele zu spielen, zum Beispiel „UNO" oder „Mensch ärgere dich nicht". Diese Spiele gehen so, dass eine Person als Erstes fertig ist. Diese Person hat gewonnen. Die anderen können weiterspielen, bis alle fertig sind, oder sie hören auf. Dann ist das Spiel beendet.

2 Alle Kinder und alle Erwachsenen gewinnen gern. Man fühlt sich gut, wenn man gewinnt. Es gewinnt immer einer. Die anderen gewinnen nicht, sie verlieren. Wenn man verliert, ist man enttäuscht. Alle Kinder und alle Erwachsenen sind enttäuscht, wenn sie verlieren. Vielleicht ärgern sie sich auch. Wenn ich gewinne, fühle ich mich gut. Ich freue mich und vielleicht bin ich stolz. Wenn ich verliere, bin ich enttäuscht. Vielleicht ärgere ich mich auch oder werde wütend. Es kann sein, dass ich sehr wütend werde, weil ich auch gewinnen wollte. Vielleicht will ich am liebsten das Spielbrett umwerfen. Vielleicht möchte ich sogar jemanden schlagen. Das geht aber nicht.
Beim Spielen ist es wichtig, dass sich alle an die Regeln halten. Niemand darf geschlagen werden. Die anderen Kinder ärgern sich, dass sie nicht weiterspielen können.

3 Wenn ich verliere, kann ich mich daran erinnern, dass es normal ist, enttäuscht oder wütend zu sein. Ich kann mich daran erinnern, dass es beim Spielen darum geht, eine gute Zeit mit Freunden zu haben. Manchmal werde ich gewinnen und manchmal werde ich verlieren. Niemand weiß vorher, ob er gewinnen oder verlieren wird.
Spielen ist spannend, weil es eine Überraschung ist, wer gewinnt und wer verliert.
Die anderen Kinder spielen gerne mit mir, wenn ich ruhig bleibe. Sie finden es gut, wenn ich mich beim Verlieren nicht allzu sehr ärgere. Ich kann daran denken, dass es eine Überraschung ist, wer gewinnt.
Ich kann mich daran erinnern, dass ich nächstes Mal vielleicht gewinne. Wir können so oft spielen, bis jeder einmal gewonnen hat. Wenn ich daran denke, wird es mir gelingen, nicht so wütend zu werden. Ich kann es aushalten, dieses Mal zu verlieren.

6. Streit unter Freunden

wenn man sich nicht einigen kann und jeder etwas anderes möchte

1 Viele Kinder und viele Erwachsene finden es schön, Freunde zu haben. Manchmal ist es schwierig, zusammen Spaß zu haben oder etwas zu spielen. Vielleicht möchte man gemeinsam etwas spielen, aber jeder hat eine andere Idee.

2 Jeder möchte seine eigene Idee nicht aufgeben. Dann kann man sich nicht einigen. Es kann dann leicht passieren, dass man sich streitet. Das ist in Ordnung. Es ist normal, dass es manchmal Streit gibt, wenn Kinder oder Erwachsene zusammen sind. Manchmal ärgere ich mich über andere Kinder und manchmal ärgern sich andere Kinder über mich. Wenn wir streiten, ist es wichtig, dass wir uns an die Regeln halten. Die Regeln sind dazu da, dass sie allen Kindern helfen. Sie sollen dafür sorgen, dass niemand verletzt wird. Manchmal ist es schwer, den Streit wieder zu beenden.
Wenn ich merke, dass es Streit gibt, kann ich zu einer Lehrerin gehen und sagen: „Es gibt Streit." Sie wird uns helfen. Es ist manchmal sehr schwer, den Streit allein zu beenden. Dann kann eine Lehrerin dabei helfen. Die anderen Kinder werden es gut finden, wenn ich zu einer Lehrerin gehe. Die Lehrerin wird es gut finden, wenn ich ihr sage: „Es gibt Streit."

3 Es ist gut, wenn ich merke, dass ich mich ärgere. Wenn ich das merke, kann ich mich daran erinnern, dass es wichtig ist, sich an die Regeln zu halten. Ich kann daran denken, dass es gut ist, zu einer Lehrerin zu gehen.
Wenn der Streit vorbei ist, können wir wieder etwas gemeinsam tun oder jeder kann das tun, was er möchte. Es ist gut, wenn ich mich nach dem Streit beruhigen kann. Wenn ich mich beruhigt habe, wird es mir besser gehen. Ich werde mich nicht mehr so sehr ärgern. Ich kann daran denken, dass es manchmal am besten ist, zu einer Lehrerin zu gehen. Ich kann mich daran erinnern, dass es gut ist, wenn ich mich bald beruhige, damit es mir dann wieder besser geht.
Wenn ich daran denke, kann ich es schaffen, mich dieses Mal an die Regeln zu halten.

7. Eine Freundin wird ausgeschlossen

wenn man jemanden nicht mitspielen lässt und es Streit gibt

1 Es ist schön, verschiedene Freundinnen zu haben. Mal kann man nur mit einer Freundin spielen, mal kann man mit mehreren Freundinnen gemeinsam spielen.
Es kann passieren, dass Freundinnen sich ärgern. Dann wird manchmal eine Freundin ausgeschlossen. Sie wird dann traurig oder wütend.

2 Manchmal passiert das, wenn zwei Freundinnen eine andere Freundin nicht mitspielen lassen. Eine Freundin sagt vielleicht: „Komm, wir lassen sie nicht mitspielen!“ Das tun sie wahrscheinlich, weil sie sich dann zusammen gut fühlen. Eigentlich mögen sie die andere Freundin aber auch. Es ist gemein, wenn man eine Freundin ausschließt.
Ich bin traurig, wenn meine Freundinnen mich nicht mitspielen lassen. Meine Freundin ist traurig, wenn ich sie nicht mitspielen lasse.
Es kann passieren, dass eine Freundin wütend wird, und es kann passieren, dass ich wütend werde. Dann kann es sein, dass ich sie am liebsten hauen will.
Wenn ich merke, dass ich wütend werde, gehe ich am besten zu einer Lehrerin und sage: „Wir haben Streit.“ Die Lehrerin weiß dann, was zu tun ist, damit wir wieder miteinander spielen können. Sie weiß, dass wir eigentlich alle Freundinnen sind und dass gerade eine Freundin ausgeschlossen wird.
Meine Freundinnen werden froh sein, wenn ich eine Lehrerin hole, die uns hilft.

3 Ich kann mich daran erinnern, dass wir alle Freundinnen sind und dass es gemein ist, eine auszuschließen. Ich kann daran denken, dass ich es gemein finde, wenn ich nicht mitspielen darf. Wenn ich mich daran erinnere, kann ich es leicht schaffen, die Freundin wieder mitspielen zu lassen.
Ich kann daran denken, dass ich zu einer Lehrerin gehen kann und sage: „Wir haben Streit.“
Es ist schön, Freundinnen zu haben. Meine Freundinnen werden mich gern mögen, wenn ich alle mitspielen lasse.

8. Ein Kind wird gehänselt

wenn ein Kind von einer Gruppe geärgert wird

1 In der Schule sind viele Kinder in einer Klasse. Manche Kinder sind miteinander befreundet, andere nicht. Die Kinder in einer Klasse sind sehr unterschiedlich.

2 Manche Kinder wollen die „Anführer" sein und wollen zeigen, dass die anderen Kinder das tun, was sie sagen. Es kann passieren, dass sie ein Kind suchen, das sie ärgern können. Damit wollen sie zeigen, dass sie stark sind und dass die anderen Kinder das tun, was sie sagen. Es ist falsch, ein anderes Kind mit Absicht zu ärgern. Die anderen Kinder müssen lernen, nachzudenken, damit sie nicht einfach jemanden ärgern, nur weil ein Kind das sagt.
Wenn ich von anderen Kindern geärgert werde, kann ich mich daran erinnern, dass die Kinder das tun, weil ein anderes Kind es gesagt hat. Das Kind will damit zeigen, dass die anderen das tun, was es ihnen sagt. Das ist falsch.
Ich kann mich daran erinnern, dass die Kinder lernen müssen, dass es falsch ist, jemanden mit Absicht zu ärgern. Es ist am besten, wenn ich zu einer Lehrerin gehe und sage: „Die Kinder ärgern mich." Die Lehrerin hat es wahrscheinlich noch nicht bemerkt. Darum ist es wichtig, dass ich es der Lehrerin sage. Sie wird wissen, was zu tun ist.
Sie wird dafür sorgen, dass die anderen Kinder aufhören, mich zu ärgern.
Sie wird uns helfen, dass wir uns wieder vertragen und keiner geärgert wird.

3 Wenn ich mich daran erinnere, dass es falsch ist, jemanden mit Absicht zu ärgern, kann ich es schaffen, zu einer Lehrerin zu gehen und zu sagen: „Die Kinder ärgern mich." Ich kann mich daran erinnern, dass die Lehrerin es noch nicht weiß und dass es darum sehr wichtig ist, dass ich es ihr sage.

9. Ein Kind versucht, ein anderes zu hänseln

wenn man jemanden nicht mag

1 In der Schule sind viele Kinder. Die Kinder in einer Klasse sind sehr unterschiedlich. Manche sind befreundet, manche nicht. Das ist normal. Es gibt in jeder Klasse Kinder, die man nicht mag. Manchmal mag ich ein Kind nicht und manchmal werde ich von einem anderen Kind nicht gemocht. Das ist in Ordnung.

2 Es kann passieren, dass mehrere Kinder ein Kind ärgern möchten. Das ist falsch. Wenn ich ein Kind nicht mag, kann ich mit einem anderen Kind spielen. Ich kann dem Kind aus dem Weg gehen. Ich kann im Pausenhof an einen anderen Platz gehen. Ich kann etwas tun, was mir Spaß macht.
Wenn ich das Kind ärgern möchte, kann ich mich daran erinnern, dass es auch Kinder gibt, die mich nicht mögen. Ich bin froh, dass ich nicht geärgert werde. Ich kann mich daran erinnern, dass Kinder unterschiedlich sind und dass es in Ordnung ist, jemanden nicht zu mögen. Es bedeutet nicht, dass ich ihn ärgern darf. Ich kann mit den Kindern spielen, die ich mag. Ich kann das Kind, das ich nicht mag, in Ruhe lassen. Das ist richtig. Die anderen Kinder werden es gut finden, dass ich es richtig mache und das Kind nicht ärgere.

3 Ich kann daran denken, dass es Kinder gibt, die mich nicht mögen. Ich bin froh, dass sie mich nicht ärgern. Es ist schön, Freunde zu haben. Ich kann daran denken, dass jedes Kind anders ist.
Es ist nicht schlimm, wenn ich nicht alle Kinder in der Klasse mag. Ich kann daran denken, dass mich wahrscheinlich auch nicht alle Kinder in der Klasse mögen.
Wenn ich mich daran erinnere, kann ich es schaffen, das Kind, das ich nicht mag, in Ruhe zu lassen.

10. Chaos auf dem Pausenhof

wenn viele Kinder rennen und toben

1 Wenn viele Kinder zusammen in der Pause auf dem Schulhof sind, kann es sein, dass sie durcheinander rennen. Einige spielen vielleicht Fangen, andere rennen einfach, weil sie sich freuen, dass sie in der Pause nicht stillsitzen müssen. Sie haben Spaß am Rennen und Toben.

2 Manche Kinder mögen es nicht, wenn andere Kinder wild durcheinander rennen und toben. Das ist in Ordnung. Die Kinder rennen manchmal sehr nah an einem anderen Kind vorbei.
Sie merken nicht, dass da ein Kind steht, dass es nicht mag, wenn andere sehr nah an ihm vorbeirennen. Sie laufen einfach drauflos.
Manchmal stoßen sie dabei aus Versehen ein anderes Kind an oder schubsen es.
Das passiert manchmal, ohne dass sie es merken. Sie toben einfach und achten nicht auf andere Kinder.

3 Wenn es mich stört, dass andere Kinder toben, kann ich mich daran erinnern, dass sie mich nicht mit Absicht stoßen. Ich kann mich daran erinnern, dass sie einfach nur Spaß am Toben haben. Ich kann mir eine ruhigere Ecke auf dem Schulhof suchen, damit ich mich in der Pause entspannen kann.
Wenn ich wütend werde und sie treten möchte, kann ich mich daran erinnern, dass sie einfach nur toben. Ich kann daran denken, dass sie mich nicht ärgern wollen.
Ich kann mich daran erinnern, dass ich in eine ruhigere Ecke des Schulhofs gehen kann.
Wenn ich mich daran erinnere, kann ich es schaffen, die anderen Kinder nicht zu treten, auch wenn sie rennen und toben.

11. Spielgeräte auf dem Pausenhof

wenn man an der Rutsche drängelt, weil man nicht warten möchte

1 In der Pause gehen alle Kinder auf den Schulhof. Viele Kinder gehen gern zur Rutsche und rutschen. Es kann immer nur ein Kind rutschen, die anderen Kinder stellen sich an. Weil sehr viele Kinder gern rutschen, stehen oft viele Kinder hintereinander in der Reihe. Das Kind, das vorn ist, rutscht. Wenn es unten ist, rutscht das nächste Kind und immer so weiter.
Meistens dauert es nur wenige Minuten, bis ein Kind, das weiter hinten in der Reihe steht, drankommt. Man muss also nie sehr lange warten.

2 Manchmal möchte ein Kind nicht warten. Es kann passieren, dass es drängelt oder die anderen Kinder zur Seite schubst. Das ist schlecht. Vielleicht kommt eine Lehrerin und schimpft mit dem Kind. Vielleicht verbietet sie dem Kind, zu rutschen.
Wenn ich in der Pause rutschen möchte, stelle ich mich hinten in die Reihe. Die Kinder, die nach mir kommen, stellen sich hinter mir an. Wenn ich dann vorn bin, rutsche ich. Manchmal passiert es, dass ich ungeduldig bin. Ich möchte mich nicht hinten anstellen, sondern gleich rutschen.

3 Wenn ich ungeduldig bin, kann ich mich daran erinnern, dass die anderen Kinder auch nicht gern warten und schnell rutschen wollen.
Ich kann daran denken, dass es meistens nicht sehr lange dauert, bis ich an der Reihe bin. Ich kann mich daran erinnern, dass die Lehrerin schimpfen wird oder mir das Rutschen verbietet, wenn ich andere Kinder schubse.
Wenn ich mich daran erinnere, kann ich es aushalten, kurz zu warten. Weil ich in der Pause gern rutsche, kann ich es aushalten, in der Reihe zu warten, bis ich dran bin.

12. Ein Kind wird verletzt

wenn man andere schlägt oder tritt, weil man wütend ist

1 In der Schule sind sehr viele Kinder in einer Klasse. Weil viele Kinder zusammen sind, kann es leicht passieren, dass sich ein Kind über irgendetwas ärgert. Dann wird es vielleicht wütend.

2 Jedes Kind und jeder Erwachsene ärgert sich manchmal und wird wütend. Das ist normal. Wenn man in der Schule ist und wütend wird, kann es sein, dass man am liebsten treten oder schlagen möchte. Das ist falsch. In der Schule ist es oft eng und Schulkinder sind groß und kräftig. Darum kann es sehr weh tun, wenn Schulkinder schlagen oder treten. Es kann sein, dass die Lehrerin schimpft, wenn ein Kind schlägt oder tritt. Dann hat sie schlechte Laune und es wird eine Weile dauern, bis wir etwas Schönes tun können. Schulkinder lernen, dass man „Stopp!" sagt. Das ist eine wichtige Regel. Wenn jemand „Stopp!" sagt, müssen die anderen Kinder sofort aufhören. Wenn sich ein Kind ärgert, muss es daran denken, „Stopp!" zu sagen. Die Lehrerin achtet drauf, dass sich alle Kinder an diese „Stopp"-Regel halten. So wird niemand verletzt.
Wenn man sehr wütend ist und nicht „Stopp!" sagen kann, dreht man sich am besten um und geht weg.

3 Wenn ich so wütend bin, dass ich am liebsten schlagen oder treten möchte, kann ich mich daran erinnern, dass es wichtig ist, „Stopp!" zu sagen.
Wenn ich sehr wütend bin, gehe ich am besten zu einer Lehrerin und sage: „Ich bin wütend" oder „Die anderen ärgern mich". Die Lehrerin wird dann wissen, was zu tun ist. Ich kann daran denken, „Stopp!" zu sagen. Ich kann mich daran erinnern, dass ich mich umdrehen und weggehen kann, bevor ich jemanden schlage oder trete.
Wenn ich mich daran erinnere, kann ich es schaffen, niemanden zu schlagen oder zu treten.

Konflikte im Unterricht - *Übersicht*

13. Aus Wut dem anderen ins Heft kritzeln

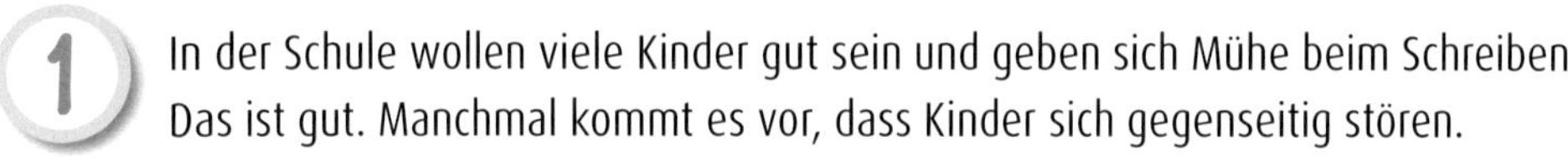

wenn man sich von seinem Sitznachbarn gestört fühlt

1 In der Schule wollen viele Kinder gut sein und geben sich Mühe beim Schreiben. Das ist gut. Manchmal kommt es vor, dass Kinder sich gegenseitig stören.

2 Das Kind, das gestört wird, ist vielleicht kurz abgelenkt. Wenn es gerade schreibt, kann es sein, dass dann ein Buchstabe nicht gerade wird oder dass eine Zahl unordentlich wird. Das Kind kann darüber wütend werden. Es kann so wütend darüber sein, dass sein Buchstabe nicht schön geworden ist, dass es am liebsten dem anderen Kind ins Heft kritzeln würde.
Es möchte vielleicht, dass es in dem Heft von dem anderen Kind auch nicht schön aussieht. Die Lehrerin schimpft, wenn ein Kind einem anderen Kind ins Heft kritzelt. Jeder darf nur in sein eigenes Heft schreiben, auch wenn man sich ärgert.
Alle Kinder müssen lernen, still zu sein und sich gegenseitig nicht zu stören. Manche Kinder lernen das schneller als andere.

3 Wenn ich mich darüber ärgere, dass ein anderes Kind mich ablenkt, kann ich dem anderen Kind sagen: „Stopp!" oder „Das stört mich!". Ich kann kurz aufhören, zu schreiben, damit nicht noch mehr Buchstaben schief werden.
Wenn das Kind mich weiter stört, kann ich es der Lehrerin sagen. Sie wird wissen, was zu tun ist, damit das Kind mich nicht mehr stört. Die Lehrerin wird es gut finden, wenn ich es ihr sage. Ich freue mich, wenn die Lehrerin es gut findet, was ich mache.
Ich kann daran denken, dass manche Kinder länger brauchen, um zu lernen, dass sie andere nicht stören dürfen.
Wenn ich mich daran erinnere, schaffe ich es, dem Kind nicht in sein Heft zu kritzeln, obwohl ich mich über das Kind geärgert habe.

14. Tür zuhalten nach der Pause

wenn man die Tür zuhält, obwohl der Unterricht beginnt

1 Nach der Pause gehen alle Kinder zurück ins Klassenzimmer. Eine neue Unterrichtsstunde beginnt. Manche Kinder haben in der Pause getobt und sind gerannt. Vielleicht würden sie gern noch weiter toben.

2 Es kann passieren, dass sie aus Spaß die Tür zuhalten, damit die anderen Kinder nicht hineinkommen können. Die Kinder finden das lustig. Sie lachen und freuen sich, dass der Unterricht noch nicht beginnen kann.
Die Kinder, die draußen stehen, treten vielleicht gegen die Tür. Das ist schlecht, denn die Tür kann kaputtgehen oder es kann sich ein Kind verletzen.
Die Lehrerin wird schimpfen. Sie wird sich ärgern, dass die Kinder die anderen Kinder nicht hineinlassen. Sie wird sich ärgern, dass sie nicht pünktlich mit dem Unterricht beginnen kann. Die Lehrerin wird schlechte Laune haben. Wenn die Lehrerin schlechte Laune hat, wird sie vielleicht nicht vorlesen oder etwas Schönes mit den Kindern tun. Vielleicht wird sie schimpfen.

3 Wenn ich nach der Pause hineingehe, kann ich mich daran erinnern, dass es gut ist, wenn ich gleich an meinen Platz gehe. Ich kann mich daran erinnern, dass jetzt wieder Unterricht ist. Ich weiß, dass die nächste Pause bald kommt oder die Schule bald zu Ende ist. Dann können wir wieder Spaß haben und toben.
Ich kann mich daran erinnern, dass die Tür kaputtgehen könnte oder sich jemand verletzen könnte, wenn ich die Tür zuhalte. Dann wäre die Lehrerin sehr wütend.
Wenn ich mich daran erinnere, kann ich es schaffen, nach der Pause an meinen Platz zu gehen. Ich kann mich darauf freuen, dass die Lehrerin etwas Schönes mit uns machen wird, wenn sie kommt. Ich kann mich daran erinnern, dass wir nach der Schule noch Zeit haben zum Toben und Spielen. So kann ich es schaffen, nach der Pause einfach an meinen Platz zu gehen.

15. Die Lehrerin schimpft mit einem anderen Kind

wenn man die Situation schwer aushalten kann

1 Manche Kinder finden es schwierig, sich in der Schule an die Regeln zu halten und das zu tun, was die Lehrerin sagt, zum Beispiel wenn alle Kinder leise sein sollen, weil die Lehrerin etwas sagen möchte.

2 Vielleicht redet ein Kind einfach weiter. Es kann sein, dass die Lehrerin dann mit dem Kind schimpft. Sie tut das, damit das Kind das tut, was sie gesagt hat, zum Beispiel damit es leise ist und zuhört. Die Lehrerin mag das Kind, auch wenn sie mit ihm schimpft. Sie schimpft nur, weil sie möchte, dass das Kind leise ist. Sie möchte, dass das Kind lernt, sich an die Regeln zu halten.
Manche Kinder lernen schneller, das zu tun, was die Lehrerin sagt. Manche Kinder brauchen länger, um das zu lernen. Viele Kinder mögen es nicht, wenn die Lehrerin mit einem anderen Kind schimpft.

3 Wenn ich es nicht mag, dass die Lehrerin schimpft, kann ich mich daran erinnern, dass sie schimpft, damit das Kind lernt, sich an die Regeln zu halten.
Ich kann mich daran erinnern, dass sie das Kind mag, auch wenn sie schimpft. Ich kann daran denken, dass sie nur schimpft, weil das Kind lernen soll, das zu tun, was sie sagt.
Meistens dauert das Schimpfen nicht sehr lange.
Wenn es mir sehr unangenehm ist, kann ich mir kurz die Ohren zuhalten.
Wenn ich mich an diese Dinge erinnere, kann ich es aushalten, dass die Lehrerin kurz mit einem anderen Kind schimpft.

16. Ein Kind kommt nach der Pause immer als letztes herein

wenn es läutet und man zügig in die Klasse gehen soll

1 In der Schule gibt es Pausen, damit man sich vom Stillsitzen und Zuhören erholen kann. In der Pause kann man draußen spielen. Viele Kinder freuen sich auf die Pausen. Wenn es klingelt, ist die Pause zu Ende. Das bedeutet, alle Kinder gehen zurück in ihr Klassenzimmer.

2 Es kann passieren, dass ein Kind noch länger draußen bleiben will, auch wenn es geklingelt hat. Die Lehrerin muss dann im Klassenzimmer warten. Sie wird sich ärgern, weil sie noch nicht mit dem Unterricht anfangen kann.
Die anderen Kinder werden sich ärgern, weil sie nach dem Klingeln schnell ins Klassenzimmer gegangen sind. Jetzt müssen sie aber warten, bis das Kind hereinkommt.
Weil alle erst auf das Kind warten müssen, hat die Lehrerin weniger Zeit, um die Aufgaben zu erklären. Die Kinder haben weniger Zeit, um die Aufgaben zu machen. Sie müssen sie dann vielleicht zu Hause zu Ende machen. Darüber werden die Kinder sich ärgern.
Wenn ich nach dem Klingeln nicht ins Klassenzimmer zurückgehen möchte, kann ich mich daran erinnern, dass die anderen Kinder sich ärgern werden, wenn ich nicht komme.
Ich kann mich daran erinnern, dass wir alle weniger Zeit haben, um die Aufgaben zu machen.
Es ist schön, wenn die anderen Kinder meine Freunde sind und mich mögen.
Es ist gut, wenn wir alle in der Schule genügend Zeit haben, um die Aufgaben zu machen.

3 Ich kann mich daran erinnern, dass es gut ist, zügig ins Klassenzimmer zurückzugehen, damit wir genügend Zeit für die Aufgaben haben und sich niemand ärgert.
Ich kann daran denken, dass es bald wieder eine Pause gibt, in der ich draußen Spaß haben kann. Vielleicht ist die Schule bald zu Ende, dann kann ich am Nachmittag das tun, was ich möchte. Wenn ich mich daran erinnere, kann ich es leicht schaffen, nach dem Klingeln gleich ins Klassenzimmer zurückzugehen.

17. Beim Vorlesen der Namen im Stuhlkreis stören

wenn man es langweilig findet, im Stuhlkreis mitzumachen

1 Im Stuhlkreis liest die Lehrerin alle Namen vor. Jedes Kind sagt „Ja!", wenn es aufgerufen wird. Manchmal sagt ein Kind „Nein!". Dann lachen die anderen Kinder. Das Kind freut sich, wenn alle lachen. Es ist schön, wenn man andere zum Lachen bringt. Wahrscheinlich findet das Kind das Namenvorlesen langweilig, darum sagt es „Nein!".
Die Lehrerin freut sich nicht. Wahrscheinlich ärgert sie sich über das Kind. Sie will das Namenvorlesen schnell fertighaben. Wahrscheinlich will sie danach ein Spiel spielen oder etwas anderes Schönes machen.

2 Wenn ein Kind „Nein!" sagt und die anderen lachen, dauert es länger. Es kann sein, dass die Lehrerin schimpft. Es kann sein, dass sich die anderen Kinder ärgern, weil sie jetzt länger auf das Spiel warten müssen. Wenn ich beim Namenvorlesen „Nein!" sagen möchte, kann ich mich daran erinnern, dass es dann länger dauert, bis wir ein Spiel spielen können.
Ich kann mich daran erinnern, dass die anderen Kinder sich über mich ärgern, weil sie wegen mir länger auf das Spiel warten müssen.
Ich kann daran denken, dass die Lehrerin sich über mich ärgert, wenn ich „Nein!" sage. Wenn ich „Ja!" sage, wird die Lehrerin gute Laune haben. Sie wird dann bald etwas Schönes mit uns machen.

3 Ich kann daran denken, dass es schön ist, wenn die Lehrerin gute Laune hat und etwas Schönes mit uns spielt. Ich kann mich daran erinnern, dass die anderen Kinder mich mögen, wenn ich „Ja!" sage. Es ist schön, wenn die anderen Kinder meine Freunde sind. Wenn ich mich daran erinnere, kann ich es schaffen, beim Namenvorlesen „Ja!" zu sagen. Ich kann es aushalten, dass mir in dem Moment für eine kurze Weile langweilig ist.

18. Im Stuhlkreis richtig herum hinsetzen

wenn man sich aus Spaß verkehrt herum hinsetzt und stört

1 Im Stuhlkreis sitzen alle Kinder auf ihrem Stuhl und schauen in die Mitte. Manchmal setzt sich ein Kind verkehrt herum auf den Stuhl. Dann lachen die anderen Kinder. Es ist schön, wenn man andere zum Lachen bringen kann. Man denkt, die anderen Kinder mögen einen. Es ist schön, wenn man in der Schule Freunde hat, die einen gern mögen.

2 Die Lehrerin lacht nicht, wenn sich ein Kind verkehrt herum hinsetzt. Sie sagt dem Kind, es soll sich richtig herum hinsetzen. Wahrscheinlich ärgert sie sich darüber. Die anderen Kinder müssen im Kreis sitzen und warten, bis das Kind richtig sitzt. Sie werden sich langweilen. Die Lehrerin wird sich ärgern, weil sie warten muss. Vielleicht schimpft die Lehrerin. Die anderen Kinder finden es jetzt nicht mehr lustig, sie langweilen sich. Wenn die Lehrerin schimpft, ärgern sich die Kinder vielleicht. Sie mögen es nicht, wenn die Lehrerin schimpft.

3 Wenn ich mich falsch herum hinsetzen möchte, kann ich mich daran erinnern, dass die Lehrerin dann schimpfen wird. Ich kann mich daran erinnern, dass die anderen Kinder sich ärgern, wenn die Lehrerin wegen mir schimpft. Die anderen Kinder werden sich ärgern, wenn sie wegen mir warten müssen.
Ich kann mich daran erinnern, dass es schön ist, wenn die anderen Kinder mich mögen und meine Freunde sind. Ich kann daran denken, dass es gut ist, wenn die Lehrerin mit uns etwas Schönes im Stuhlkreis macht.
Wenn ich daran denke, kann ich es schaffen, mich richtig herum hinzusetzen.

19. Der Unterricht ist kein Ort, um Quatsch zu machen

wenn man Quatsch macht, damit die anderen Kinder lachen

1 Viele Kinder finden in der Schule den Unterricht manchmal langweilig. Das ist normal. Manchmal passiert es, dass ein Kind dann Quatsch macht. Die anderen Kinder lachen. Das Kind freut sich, dass die anderen Kinder lachen. Es ist schön, wenn man Kinder zum Lachen bringen kann.

2 Die Lehrerin lacht nicht. Sie schimpft vielleicht. Sie möchte ihren Unterricht machen und ärgert sich über das Kind, das Quatsch macht. Die anderen Kinder mögen es nicht, wenn die Lehrerin schimpft. Die anderen Kinder lachen jetzt nicht mehr. Sie wollen, dass das Kind mit dem Quatsch aufhört, damit die Lehrerin nicht mehr schimpft.
Wenn ich den Unterricht gerade langweilig finde, kann ich einfach still sitzen bleiben.
Es ist gut, wenn ich trotzdem zuhören kann. Vielleicht wird es bald wieder interessanter.
Vielleicht ist auch bald Pause.
Wenn ich im Unterricht Quatsch machen will, kann ich mich daran erinnern, dass die Lehrerin dann schimpfen wird.

3 Ich kann mich daran erinnern, dass die anderen Kinder es nicht mögen, wenn die Lehrerin schimpft. Darum mögen sie es nicht, wenn ich Quatsch mache.
Ich kann daran denken, dass bald Pause ist und dass ich dann mit meinen Freunden Quatsch machen kann.
Ich kann mich daran erinnern, dass es nicht schlimm ist, wenn man den Unterricht manchmal langweilig findet. Es ist gut, wenn ich still sitzen bleibe, auch wenn ich es gerade langweilig finde. Bald wird Pause sein oder vielleicht wird es wieder interessanter.
Wenn ich mich daran erinnere, kann ich es aushalten, dass mir im Moment langweilig ist.
Ich kann mich darüber freuen, dass ich in der Klasse Freunde habe und dass wir in den Pausen gemeinsam Quatsch machen können.

20. Im Unterricht mitmachen und zuhören

wenn man nicht zuhört und die Hausaufgaben nur schwer schafft

1 In der Schule bekommt man oft Hausaufgaben. Die Hausaufgaben sind meistens ähnlich wie das, was man im Unterricht gemacht hat. Bei den Hausaufgaben übt man oft das, was man im Unterricht gemacht hat. Wenn man es übt, kann man es danach noch besser.

2 Manchmal ist es im Unterricht anstrengend, mitzumachen und zuzuhören. Das ist normal. Darum gibt es viele Pausen, damit man sich erholen kann. Trotzdem muss man sich manchmal sehr anstrengen, um zuzuhören und mitzumachen.
Manche Kinder finden es anstrengend, Hausaufgaben zu machen. Manchmal findet man die Hausaufgaben auch schwierig. Der Unterricht ist oft eine Vorbereitung auf die Hausaufgaben. Weil der Unterricht oft eine Vorbereitung auf die Hausaufgaben ist, ist es gut, wenn ich im Unterricht mitmache. Die Hausaufgaben gehen dann wahrscheinlich leichter und schneller.
Nach den Hausaufgaben habe ich Zeit, mich mit Freunden zu verabreden und etwas zu tun, was mir Spaß macht.

3 Wenn ich mich daran erinnere, dass der Unterricht eine gute Vorbereitung für die Hausaufgaben ist, kann ich es schaffen, im Unterricht mitzumachen. Wenn ich es gerade sehr anstrengend finde, kann ich mich daran erinnern, dass bald Pause ist oder dass die Schule bald zu Ende ist.
Ich freue mich, wenn die Hausaufgaben leicht und schnell gehen.
Wenn ich weiß, dass ich die Hausaufgaben gut schaffen kann, fällt es mir auch leichter, mit den Hausaufgaben anzufangen. Wenn die Hausaufgaben schnell gehen, habe ich danach mehr Zeit, um das zu machen, was ich möchte.
Wenn ich mich daran erinnere, kann ich es schaffen, im Unterricht mitzumachen und zuzuhören, auch wenn es manchmal anstrengend ist.

21. Sich im Unterricht melden

wenn man redet, obwohl man nicht aufgerufen wurde

1 Im Unterricht redet die Lehrerin, wenn sie den Kindern etwas erklärt. Es kann sein, dass die Lehrerin danach eine Frage stellt. Sie will sehen, was die Kinder schon verstanden haben.

2 Wenn die Lehrerin eine Frage stellt, können sich alle Kinder melden, die die Antwort wissen. Die Lehrerin ruft dann ein Kind auf und dieses Kind darf die Antwort sagen. Oft wissen sehr viele Kinder die Antwort und melden sich. Alle Kinder, die sich melden, möchten gern drankommen und die Antwort laut sagen.
Wenn Kinder, die nicht aufgerufen wurden, die Antwort laut sagen, gibt es ein Durcheinander.
Die Lehrerin wird sich darüber ärgern, dass ein Kind einfach redet, obwohl es nicht aufgerufen wurde. Vielleicht schimpft die Lehrerin.
Das Kind, das aufgerufen wurde, wird sich ärgern, weil es die Antwort sagen wollte.
Es kann immer nur das Kind die Antwort laut sagen, das aufgerufen wurde.
Die anderen Kinder sind manchmal enttäuscht, weil sie die Antwort auch gern gesagt hätten.
Weil die Lehrerin das weiß, versucht sie, jedes Mal ein anderes Kind aufzurufen.
Wenn ich die Antwort weiß, ist es wichtig, dass ich mich melde.
Wenn ich nicht aufgerufen werde, kann ich mich daran erinnern, dass ich vielleicht das nächste Mal aufgerufen werde.
Es ist gut, wenn ich mich melde. Die Lehrerin sieht so, dass ich die Antwort auch wusste.

3 Ich kann mich daran erinnern, dass alle Kinder, die sich melden, gern drankommen. Ich kann daran denken, dass die Lehrerin immer wieder ein anderes Kind aufruft, damit jeder einmal drankommt.
Wenn ich daran denke, kann ich es schaffen, nur dann zu reden, wenn ich drangenommen werde. Ich kann es aushalten, dass ich mich melde und nicht jedes Mal aufgerufen werde.

22. Sich im Unterricht melden

wenn man sich nicht traut, sich im Unterricht zu melden

1 In der Schule lernen Kinder immer wieder neue Dinge. Etwas, das man bisher nicht wusste, wird erklärt. Dann wird es geübt. Dabei passieren oft noch Fehler. Nach einer Weile Üben passieren immer weniger Fehler. Am Ende, wenn man nicht mehr viele Fehler macht, hat man es gelernt. Man kann jetzt etwas, das man vorher noch nicht konnte.

2 Im Unterricht stellt die Lehrerin manchmal eine Frage. Sie will sehen, ob schon alle Kinder verstanden haben, was sie erklärt hat. Wenn sich nur wenige Kinder melden, weiß die Lehrerin, dass sie es noch einmal besser erklären muss.
Alle Kinder, die die Antwort wissen, können sich melden. Es ist ein gutes Gefühl, wenn man eine Antwort weiß. Wenn man sich dann meldet, freut sich die Lehrerin. Sie sieht dann, dass man es verstanden hat.
Manchmal findet man es schwierig, sich im Unterricht zu melden, auch wenn man die Antwort weiß. Man hat Angst, etwas Falsches zu sagen. Manchmal ist eine Antwort falsch. Das ist normal. Die Lehrerin merkt so, dass sie es besser erklären muss oder dass sie mit den Kindern üben muss. Wenn ich eine Antwort weiß, ist es gut, wenn ich mich melde. Die Lehrerin sieht dann, dass ich im Unterricht mitmache. Die Lehrerin sieht, dass ich etwas verstanden habe. Wenn meine Antwort falsch war, weiß die Lehrerin, dass sie es noch einmal besser erklären muss. Das Melden ist auch etwas, das man lernen muss. Je öfter ich mich melde, desto leichter finde ich es.

3 Wenn ich es schwierig finde, mich zu melden, kann ich mich daran erinnern, dass ich es üben kann. Ich kann mich daran erinnern, dass es normal ist, manchmal eine Frage falsch zu beantworten. Die Lehrerin sieht, dass ich mitmache. Sie freut sich darüber.
Wenn ich daran denke, dass die Lehrerin sich freut, kann ich es schaffen, mich im Unterricht zu melden. Ich kann mich daran erinnern, dass es immer leichter wird, je öfter ich mich melde.

23. Beiträge wertschätzen

wenn man den Beitrag eines anderen Kindes nicht gut findet

1 Manchmal gibt es in der Schule die Aufgabe, einen kleinen Vortrag oder ein Referat zu halten. Das Kind, das den Vortrag hält, bereitet sich sehr gut darauf vor. Oft braucht man mehrere Tage, um sich vorzubereiten.

2 Wenn man den Vortrag hält, ist man oft aufgeregt. Man redet vor der ganzen Klasse, alle Kinder und die Lehrerin hören zu. Man hofft, dass der Vortrag gut wird. Weil man das vorher nicht genau weiß, ist man aufgeregt. Das ist normal. Jedem Kind geht es so, wenn es einen Vortrag halten soll.
Wenn der Vortrag vorbei ist und gut war, ist man sehr erleichtert. Alle Kinder kommen einmal damit dran, einen Vortrag zu halten. Es kann sein, dass man nicht jeden Vortrag von einem anderen Kind gut findet. Manchmal mag man auch das Kind nicht, das den Vortrag hält.
Wenn ich einen Vortrag halte, bin ich aufgeregt. Ich möchte, dass die anderen Kinder ruhig sind und zuhören. Ich freue mich, wenn die anderen Kinder meinen Vortrag gut finden.

3 Wenn ich den Vortrag von einem anderen Kind nicht gut finde, kann ich mich daran erinnern, dass jedes Kind einmal drankommt und einen Vortrag halten soll.
Ich kann mich daran erinnern, dass es normal ist, nicht jeden Vortrag gut zu finden.
Ich kann daran denken, dass das Kind, das den Vortrag hält, froh ist, wenn alle Kinder ruhig bleiben und zuhören. Ich weiß, dass der Vortrag nicht sehr lange dauert.
Wenn ich den Vortrag nicht gut finde, kann ich mich daran erinnern, dass er nicht lange dauern wird. Ich kann daran denken, dass es freundlich ist, ruhig zu bleiben.
Die Lehrerin wird schimpfen, wenn ich ein Kind bei seinem Vortrag störe.
Wenn ich daran denke, kann ich es schaffen, ruhig zu bleiben, bis das Kind seinen Vortrag gehalten hat.

24. Lernen für Klassenarbeiten

verstehen, dass Klassenarbeiten oft gehäuft vorkommen

1 Ein Schuljahr beginnt nach den Sommerferien und dauert bis zu den nächsten Sommerferien. In dieser Zeit sind immer einige Wochen Schule und dann eine oder zwei Wochen Ferien. Die Schulzeit ist oft anstrengend, darum gibt es die Ferien zum Erholen.

2 In der Schulzeit müssen die Lehrerinnen den Kindern verschiedene Dinge beibringen. Diese Dinge stehen auf einem Plan. Um zu prüfen, ob die Kinder das gelernt haben, was die Lehrerin ihnen beibringen soll, müssen die Kinder Klassenarbeiten und Tests schreiben.
Alle Fächer starten nach den Sommerferien im neuen Schuljahr mit neuem Stoff. Die Kinder lernen den Stoff, üben ihn und schreiben nach einigen Wochen darüber eine Klassenarbeit. Weil alle Fächer nach den Sommerferien gleichzeitig starten, ist es oft so, dass nach einigen Wochen in vielen Fächern eine Klassenarbeit geschrieben wird. Es werden dann viele Klassenarbeiten in einer Woche geschrieben.
Darum muss man dann viel auf einmal lernen. Das ist oft anstrengend.

3 Wenn die Klassenarbeiten geschrieben sind, ist wieder etwas weniger zu lernen. Es reicht, wenn man die Hausaufgaben macht. Nach einiger Zeit ist es wieder so weit, dass viele Klassenarbeiten geschrieben werden. Wenn ich es schwierig finde, dass viele Klassenarbeiten auf einmal geschrieben werden, kann ich mich daran erinnern, dass das normal ist. Die anderen Kinder finden es auch anstrengend.
Ich kann mich daran erinnern, dass es nach den Klassenarbeiten wieder weniger zu lernen gibt und es reicht, wenn ich die Hausaufgaben mache.
Ich kann mich darauf freuen, dass bald Wochenende ist und ich mich erholen kann.
Bald sind auch wieder Ferien.
Wenn ich mich daran erinnere, kann ich es schaffen, in den anstrengenden Wochen für die Klassenarbeiten zu lernen. Ich weiß, dass dann wieder eine entspannte Zeit kommt.
So kann ich es schaffen, die Zeit durchzuhalten, in der ich viel lernen muss.

25. Die Wahrheit sagen

wenn man die Hausaufgaben nicht gemacht hat

1 In der Schule gibt es oft Hausaufgaben. Die Hausaufgaben sind wichtig, weil man das, was man in der Schule gelernt hat, übt. Manchmal sind die Hausaufgaben schwierig, manchmal sind sie leichter.
Am Nachmittag freuen sich viele Kinder, dass sie spielen können oder andere Dinge tun, die ihnen Spaß machen.

2 Manchmal vergisst man es, die Hausaufgaben zu machen. Es kann jedem Kind einmal passieren, dass es die Hausaufgaben nicht gemacht hat. Die Lehrerin weiß, dass es jedem Kind passieren kann, dass es die Hausaufgaben nicht gemacht hat.
Die Lehrerin findet es gut, wenn man es ihr dann sagt. Dann weiß sie, dass man sie nicht anlügen will. Es ist unangenehm, der Lehrerin zu sagen, dass man die Hausaufgaben nicht gemacht hat. Alle Kinder finden das unangenehm. Das ist normal.
Wenn ich die Hausaufgaben einmal vergessen habe, kann ich es der Lehrerin sagen. Wahrscheinlich wird sie sagen, ich soll sie nachholen. Die Lehrerin hat es schon oft erlebt, dass ein Kind die Hausaufgaben nicht gemacht hat. Sie findet es nicht so schlimm. Sie weiß, dass man sie nachholt.

3 Wenn ich mich nicht traue, der Lehrerin zu sagen, dass ich die Hausaufgaben nicht gemacht habe, kann ich mich daran erinnern, dass jedes Kind die Hausaufgaben einmal vergisst.
Ich kann mich daran erinnern, dass die Lehrerin wahrscheinlich sagt, ich soll sie nachholen. Ich weiß, dass es nicht so schlimm ist, wenn man die Hausaufgaben einmal vergisst.
Weil die Lehrerin nicht möchte, dass ich sie anlüge, ist es gut, wenn ich ihr gleich sage, dass ich die Hausaufgaben vergessen habe. Es ist wichtig, dass die Lehrerin nicht denkt, ich will sie anlügen.
Wenn ich mich daran erinnere, kann ich es schaffen, der Lehrerin zu sagen, dass ich die Hausaufgaben nicht gemacht habe.

26. Dynamik im Sportunterricht

wenn man es nicht ertragen kann, angestoßen zu werden

1 Manchmal ist es in der Schule sehr ruhig, zum Beispiel wenn alle auf ihrem Platz sitzen. Manchmal ist es sehr lebhaft, zum Beispiel beim Sport, wenn viele Kinder durcheinanderrennen.

2 Viele Menschen mögen es gern, wenn es ruhig ist. Viele Menschen finden es anstrengend, wenn alle durcheinanderrennen. Wenn Kinder durcheinanderrennen, kann es passieren, dass ein Kind ein anderes anstößt. Das kann aus Versehen passieren. Es kann auch passieren, weil ein Kind gern etwas wilder mit einem anderen Kind spielen möchte.
Es macht Spaß, mit den anderen Kindern in der Turnhalle zu rennen. Vielleicht macht es mir auch Spaß, wild zu spielen. Dann kann ich mitmachen.
Wenn man zu wild spielt, kann es leicht passieren, dass ein Kind angestoßen wird.
Wenn ich es nicht mag, dass ich geschubst oder angestoßen werde, ist es gut, wenn ich eher am Rand der Turnhalle bleibe.
Wenn es doch passiert, dass ich geschubst werde, kann ich mich daran erinnern, dass die Kinder wahrscheinlich nur wild spielen möchten. Sie stoßen mich nicht an, um mich zu ärgern.

3 Ich kann mich daran erinnern, dass es gut ist, an die Seite zu gehen, damit ich möglichst nicht geschubst werde. Ich kann mich freuen, dass wir in der Turnhalle sind, denn bestimmt wird die Lehrerin etwas Schönes mit uns machen.

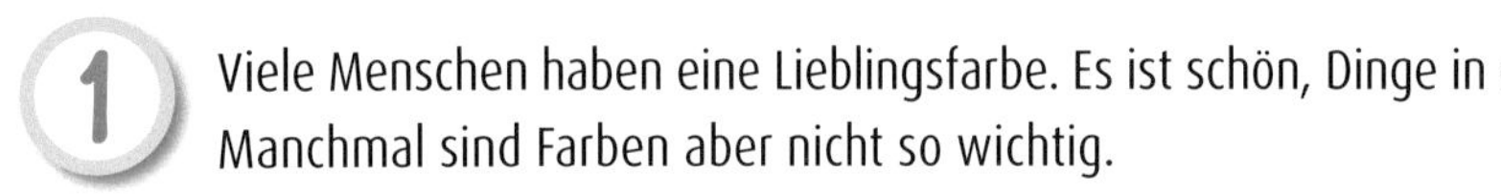

27. Die Farbe ist nur Mittel zum Zweck

wenn man beim Sport seine Lieblingsfarbe haben will

1 Viele Menschen haben eine Lieblingsfarbe. Es ist schön, Dinge in dieser Farbe zu haben. Manchmal sind Farben aber nicht so wichtig.

2 Wenn beim Sport bunte Tücher verteilt werden, kann es sein, dass ich eine Farbe bekomme, die nicht meine Lieblingsfarbe ist. Es kann sein, dass ich lieber meine Lieblingsfarbe hätte.
Wenn jedes Kind eine bestimmte Farbe haben möchte, dauert es lange, bis alle Tücher verteilt sind. Wir können dann nur noch sehr kurz mit den Tüchern turnen. Das ist schade. Bestimmt hat sich die Lehrerin viele schöne Sachen mit den Tüchern überlegt.
Damit wir viel Zeit zum Spielen mit den Tüchern haben, ist es gut, wenn ich einfach das Tuch nehme, das ich bekomme.

3 Ich kann mich daran erinnern, dass bei manchen Sachen die Farben nicht so wichtig sind. Ich kann daran denken, dass es schön ist, Spaß mit den Tüchern und den anderen Kindern zu haben.
Wenn ich mich daran erinnere, kann ich es aushalten, eine Farbe zu bekommen, die nicht meine Lieblingsfarbe ist. Ich kann mich darauf freuen, mit den Tüchern Spaß zu haben. Ich weiß, dass es beim Turnen nicht so wichtig ist, welche Farbe das Tuch hat. So kann ich mit den anderen Kindern zusammen Spaß haben.

28. Genügend Abstand zum Nachbarn halten

wenn man sich durch die Nähe eines anderen Kindes gestört fühlt

1 Es ist schön, einen Freund zu haben, und manchmal ist es schön, ganz nah neben ihm zu sitzen oder ihn zu umarmen. Man kann ihm so zeigen, dass man ihn sehr gern hat. In einer Klasse sind viele Kinder und meistens eine Lehrerin.

2 Manchmal ist es eng im Klassenzimmer. Die meiste Zeit sitzt man auf seinem Platz. Es kann sein, dass man neben einem Freund sitzt. Das ist schön.

Wenn man gern ganz nah an den Freund heranrutschen oder ihn umarmen möchte, kann es sein, dass er das nicht mag. Er kann wahrscheinlich nicht weggehen, weil wir auf unserem Platz sitzen bleiben müssen. Es kann passieren, dass es dem Freund unangenehm ist, wenn man ganz nah neben ihm sitzt.

Vielleicht sagt der Freund laut „Geh weg!" oder schlägt sogar. Das wäre schade, weil man sich ja eigentlich gern mag. Der Freund braucht nur etwas mehr Abstand. Weil es aber eng im Zimmer ist, kann er nicht weggehen.

Es kann auch sein, dass die Lehrerin schimpft, weil sie will, dass wir zuhören.

In der Schule ist es darum besser, etwas Abstand zu den anderen Kindern zu halten, auch zu den Freunden.

3 Wenn ich einem Freund zeigen will, wie gern ich ihn habe, ist es gut, wenn ich mich daran erinnere, dass in der Schule etwas Abstand gehalten werden soll.

Ich kann mich daran erinnern, dass ich dem Freund später in der Pause zeigen kann, dass ich ihn gernhabe. Vielleicht können wir zusammen spielen oder toben.

Es ist schön, mit Freunden zu spielen. Wenn man etwas zusammen spielt, zeigt man sich, dass man sich mag. Wenn ich daran denke, kann ich ruhig auf meinem Platz bleiben und etwas Abstand zu meinem Freund halten.

Ich kann mich daran erinnern, dass er mein Freund ist, auch wenn er in der Schule etwas Abstand möchte.

29. Während des Unterrichts aus dem Klassenzimmer laufen

weil man die Lehrerin nicht mag

1 In der Schule gibt es viele Kinder und viele Lehrerinnen. Manche Lehrerinnen mag man lieber, andere mag man nicht so gern. Das ist normal. Jeder mag mache Lehrerinnen gern und manche nicht so gern.

2 In der Schule kann man sich nicht aussuchen, welche Lehrerin man hat. Die Lehrerin kann sich auch nicht aussuchen, welche Kinder sie hat. Es kann sein, dass man eine Lehrerin hat, die man gern mag, und eine andere, die man nicht so gern mag. Das ist normal.
In der Schule soll man bestimmte Dinge lernen. Jede Lehrerin kann verschiedene Dinge gut. Darum hat man in der Schule verschiedene Lehrerinnen. Vielleicht lernen wir etwas Interessantes, obwohl ich die Lehrerin nicht so gern mag.
Wenn ich eine Lehrerin habe, die ich nicht gern mag, kann ich mich daran erinnern, dass bald Pause ist. Wenn ich aufstehe und aus dem Klassenzimmer gehe, kann es sein, dass die Lehrerin in der Pause mit mir sprechen wird. Wahrscheinlich kann ich dann in der Pause nicht draußen mit meinen Freunden spielen. Ich freue mich auf die Pause. In der Pause möchte ich gern draußen spielen und nicht mit einer Lehrerin sprechen.

3 Ich kann mich daran erinnern, dass es normal ist, dass man eine Lehrerin nicht so gern mag. Ich kann trotzdem still sitzen bleiben, bis der Unterricht vorbei ist. Es ist nicht so wichtig, dass ich jede Lehrerin gern mag. Die Lehrerin soll den Kindern verschiedene Dinge beibringen. Das ist wichtig.
Wenn ich daran denke, dass die Lehrerin vielleicht etwas Interessantes erzählt, kann ich es schaffen, auf meinem Platz sitzen zu bleiben.
Ich kann daran denken, dass es nicht so wichtig ist, jede Lehrerin gern zu mögen.
Wenn ich mich daran erinnere, kann ich auf meinem Platz bleiben und zuhören, bis der Unterricht zu Ende ist.

30. Während des Unterrichts aus dem Klassenzimmer laufen

weil man die anderen Kinder nicht mag

1 In der Schule gibt es viele Kinder und viele Lehrerinnen. Manche Kinder mag man gern, andere mag man nicht so gern. Das ist normal. Jedes Kind mag manche Kinder gern und manche Kinder nicht so gern.

2 An manchen Tagen hat man vielleicht mit einem Freund Streit, den man sonst gern mag. Es kann auch sein, dass man ein Kind mag, das man früher nicht mochte, oder dass man ein Kind nicht mehr mag, das man früher mochte. Manchmal denkt man auch, dass die Kinder einen nicht mögen.
Es ist schön, wenn man mit Kindern in der Klasse ist, die man mag. Man kann sich nicht aussuchen, mit wem man in der Klasse zusammen ist. Man geht nicht nur in die Schule, weil man Freunde treffen will, sondern weil man bestimmte Dinge lernen soll. Das ist wichtig.

3 Wenn in meiner Klasse Kinder sind, die ich nicht mag, kann ich mich daran erinnern, dass es normal ist, nicht jeden zu mögen. Ich kann mich daran erinnern, dass man sich nicht aussuchen kann, mit wem man in der Klasse ist.
Ich kann daran denken, dass ich in die Schule gehe, um bestimmte Dinge zu lernen. Manchmal muss man eine Weile mit Kindern spielen und sie besser kennenlernen, bis man sie mag. Vielleicht kann ich in der Pause mit ein paar Kindern spielen. Vielleicht sind einige Kinder nett. Ich kann mir überlegen, mit wem ich gern spielen würde.
Wenn ich mich daran erinnere, dass manche Kinder vielleicht nett sind, kann ich es schaffen, ruhig sitzen zu bleiben, bis Pause ist. Ich kann mich daran erinnern, dass es normal ist, nicht alle Kinder in der Klasse nett zu finden. In der Schule soll man zuhören und bestimmte Dinge lernen. Das ist wichtig. Wenn ich mich daran erinnere, kann ich es schaffen, sitzen zu bleiben und zuzuhören, bis Pause ist.

31. Während des Unterrichts aus dem Klassenzimmer laufen

weil man den Unterricht zu schwer findet

1 In der Schule soll man verschiedene Dinge lernen. Manche Dinge findet man schwer, manche Dinge findet man leicht. Das ist normal. Alle Kinder finden manche Dinge schwer und manche Dinge leicht. Wenn man im Unterricht gut zuhört und mitmacht, kann man oft verstehen, was die Lehrerin erklärt.

2 Es ist anstrengend, zuzuhören, wenn man etwas schwer findet. Das ist normal. Je älter Kinder werden, desto besser können sie zuhören, auch wenn sie etwas schwer finden. Sie können immer besser lernen.
Es kann sein, dass ich etwas leicht finde, was für ein anderes Kind schwer ist. Es kann sein, dass ich etwas schwer finde, das ein anderes Kind leicht findet.
Wenn ich etwas schwer finde, ist es gut, der Lehrerin zu sagen: „Ich finde das schwer".
So weiß die Lehrerin, dass sie es noch einmal besser erklären muss. Wahrscheinlich gibt es andere Kinder in der Klasse, die es auch schwer finden. Sie finden es gut, dass ich es der Lehrerin sage.

3 Ich kann mich daran erinnern, dass es normal ist, etwas schwer zu finden.
Ich kann daran denken, dass es gut ist, zuzuhören, damit ich möglichst viel verstehe.
Auch wenn es momentan schwierig ist, kann ich weiter zuhören.
Ich kann mich daran erinnern, dass bald Pause ist und ich dann draußen spielen kann.
Wenn ich mich daran erinnere, kann ich es schaffen, auf meinem Platz sitzen zu bleiben, bis der Unterricht zu Ende ist.
Ich kann daran denken, der Lehrerin zu sagen, dass ich etwas schwer finde. Sie wird sich freuen, dass ich es ihr sage. Sie wird es mir noch einmal erklären, damit ich es verstehe.
Wenn ich mich daran erinnere, kann ich auf meinem Platz bleiben und zuhören, bis der Unterricht zu Ende ist.

32. Während des Unterrichts aus dem Klassenzimmer laufen

weil man sich langweilt

1 In der Schule soll man verschiedene Dinge lernen. Manche Dinge findet man leicht, andere findet man nicht so leicht. Das ist normal. Alle Kinder finden manches leicht und manches nicht so leicht.

2 Es kann sein, dass die Lehrerin etwas erklärt, weil es ein paar Kinder noch nicht verstanden haben. Manche Kinder haben es wahrscheinlich schon verstanden. Sie müssen jetzt warten. Wenn alle Kinder es verstanden haben, geht es weiter.
Wenn ich etwas verstanden habe und andere Kinder noch nicht, kann es sein, dass mir langweilig ist. Das ist normal.
Es ist schön, wenn ich etwas verstanden habe. Ich weiß, dass andere Kinder es schwer finden und dass die Lehrerin es darum noch einmal erklärt.
In einem anderen Fach kann es sein, dass ich etwas schwer finde. Dann müssen die anderen Kinder warten, bis die Lehrerin es mir noch einmal erklärt hat.

3 Wenn mir langweilig ist, kann ich daran denken, dass ein paar Kinder es noch schwer finden. Es ist freundlich, wenn ich still sitzen bleibe, bis wir weitermachen. Ich kann daran denken, dass ich in einem anderen Fach vielleicht auch etwas schwierig finde. Dann müssen die anderen Kinder warten. Wenn es alle verstanden haben, wird die Lehrerin weitermachen.
Ich kann mich daran erinnern, dass es gut ist, wenn ich ruhig auf meinem Platz bleibe und warte, bis es weitergeht. Die Lehrerin wird sich freuen, wenn ich ruhig sitzen bleibe.
Ich kann daran denken, dass bald Pause ist.
Weil ich mich daran erinnere, kann ich es aushalten, auf meinem Platz zu bleiben, auch wenn ich mich gerade langweile.

Konflikte mit dem Umfeld – *Übersicht*

33. So begrüßen sich Menschen

wenn man es schwierig findet, sich zu begrüßen

1 Wenn man einen anderen Menschen trifft, sagen viele Menschen „Hallo!". Sie zeigen damit, dass sie den anderen gesehen haben. Sie zeigen damit, dass sie dem anderen nichts Böses wollen. Es ist freundlich. Der andere Mensch sagt dann meistens auch „Hallo!". Er zeigt dem anderen damit, dass er sein „Hallo!" gehört hat. Es ist freundlich, mit „Hallo!" zu antworten. Der andere weiß dann, dass man ihm ebenfalls nichts Böses will.

2 Wenn beide „Hallo!" gesagt haben, kann es sein, dass sie noch ein paar Worte wechseln, zum Beispiel „Gehst du gleich in deine Klasse?" Der andere kann dann „Ja!" antworten. Dann gehen beide weiter.
Es kann sein, dass es mir unangenehm ist, wenn jemand „Hallo!" zu mir sagt.
Vielleicht ist es mir unangenehm, wenn der andere mich anschaut. Das ist in Ordnung.
Ich kann mich daran erinnern, dass der andere mir zeigen will, dass er nichts Böses denkt.
Ich kann daran denken, dass es freundlich wäre, auch „Hallo!" zu sagen, damit der andere weiß, dass ich auch nichts Böses denke.

3 Wenn ich mich daran erinnere, kann ich es leicht aushalten, auch „Hallo!" zu sagen. Ich kann daran denken, dass der andere mir zeigen will, dass er freundlich zu mir ist. Wenn ich mich daran erinnere, kann ich es aushalten, dass er „Hallo!" sagt. Ich kann auch „Hallo!" sagen. Ich kann aushalten, dass er mich kurz anschaut, weil ich weiß, dass er freundlich zu mir sein möchte. Es ist gut, wenn ich mich daran erinnere. Andere Menschen freuen sich, wenn ich ihnen zeige, dass ich freundlich bin. Ich freue mich, wenn andere Menschen mich mögen. Es ist ein gutes Gefühl, wenn andere Menschen mich mögen.

34. So verabschieden sich Menschen

wenn man es schwierig findet, sich zu verabschieden

1 Wenn Menschen sich verabschieden, sagen sie „Tschüss!" oder „Auf Wiedersehen!". Sie zeigen damit, dass sie nun gehen werden. Sie zeigen, dass das Zusammensein nun zu Ende ist. Meistens sagt die andere Person dann auch „Tschüss!". Sie zeigt damit, dass sie jetzt auch gehen wird.
Es ist freundlich, wenn beide sich mit einem „Tschüss!" verabschieden. So wissen beide, dass alles in Ordnung ist.

2 Wenn ich weggehe, ohne mich zu verabschieden, denkt die andere Person vielleicht, ich bin wütend oder ich mag sie nicht. Vielleicht denkt sie auch, ich bin unfreundlich. Wenn ich zu einer Lehrerin nicht „Tschüss!" sage, kann es sein, dass sie am nächsten Tag mit mir reden möchte. Sie möchte, dass ich mich an die Regeln halte und auch „Tschüss!" sage. Wir sollen lernen, freundlich zu sein. Darum sollen wir „Tschüss!" sagen.

3 Ich kann mich daran erinnern, dass man „Tschüss!" sagt, damit der andere weiß, dass alles in Ordnung ist. Wenn ich mich so verabschiede, habe ich ein gutes Gefühl und die Lehrerin hat ein gutes Gefühl. Ich weiß, dass ich es richtig gemacht habe.
Die Lehrerin weiß, dass ich freundlich bin und mich an die Regeln halte. Das ist gut, weil dann auch am nächsten Tag alles in Ordnung ist.
Ich kann mich daran erinnern, dass es gut ist, sich zu verabschieden, damit wir beide ein gutes Gefühl haben. Ich kann daran denken, dass wir uns verabschieden, um zu zeigen, dass alles in Ordnung ist. Wenn ich daran denke, kann ich es schaffen, mich an die Regeln zu halten und „Tschüss!" zu sagen.

35. Menschen schauen sich an

wenn man es nicht mag, angeschaut zu werden

1 Wenn sich Menschen begegnen, schauen sie sich manchmal in die Augen, zum Beispiel auf dem Flur in der Schule, in der Stadt oder in einem Geschäft. Manchmal lächeln sie dabei oder schauen freundlich.
Es bedeutet „Alles ist in Ordnung!" und „Ich habe keine bösen Absichten!".

2 Wenn Kinder sich zufällig anschauen, sehen sie manchmal nicht freundlich aus. Sie haben oft noch nicht gelernt, dass es freundlich ist, den anderen anzulächeln, um ihm zu zeigen, dass alles in Ordnung ist.
Es kann sein, dass man von einem Kind etwas länger angeschaut wird als von Erwachsenen.
Kinder haben vielleicht noch nicht gelernt, dass man jemanden nur kurz anschaut.
Wenn mich jemand anschaut und mich das stört, kann ich mich daran erinnern, dass die Person damit nur zeigt „Es ist alles in Ordnung!". Sie möchte nichts weiter. Das kurze Anschauen hat keine weitere Bedeutung.
Ich kann auf den Boden schauen, wenn ich nicht möchte, dass mich jemand anschaut.
Das ist in Ordnung.

3 Wenn mich ein Kind anschaut, kann es sein, dass es nicht lächelt. Ich kann mich daran erinnern, dass es wahrscheinlich noch nicht gelernt hat, dass man lächeln soll, weil das freundlich ist. Wenn es mich etwas länger anschaut, kann ich mich daran erinnern, dass es wahrscheinlich noch nicht gelernt hat, dass man jemanden nur kurz anschaut.
Ich kann mich daran erinnern, dass das Kind nichts Böses im Sinn hat, auch wenn es mich etwas länger anschaut oder nicht freundlich aussieht.
Wenn ich daran denke, kann ich es aushalten, dass mich jemand anschaut.
Ich weiß, dass es nur freundlich ist und nichts weiter bedeutet.

36. Menschen laufen durcheinander

wenn man sich in einer Menschenansammlung unwohl fühlt

1 Manchmal sind sehr viele Menschen auf einmal an einem Platz, zum Beispiel an der Bushaltestelle, auf dem Flur in der Schule oder in der Stadt. Das ist vielen Menschen unangenehm. Manchmal ist es dann nicht klar, wie man aneinander vorbeiläuft oder wer wo steht.

2 Die meisten Menschen gehen an der Seite entlang, an der gerade Platz ist, oder stellen sich an den Platz, der gerade frei ist. Es kann leicht passieren, dass man in so einer Situation jemanden anrempelt.
Derjenige, der geschubst hat, hat das wahrscheinlich nicht mit Absicht gemacht. Vielleicht ist es so eng, dass man nicht anders kann, als sich zu berühren. Vielleicht ist jemand nicht achtsam und hat deswegen jemanden aus Versehen geschubst.
Wenn man geschubst wird, ist es wichtig, dass man nicht zurückschubst. Es kann leicht passieren, dass sonst jemand verletzt wird. Es kann sein, dass der andere denkt, man ist unfreundlich, wenn man schubst. Wenn ich geschubst werde, kann ich mich daran erinnern, dass der andere es wahrscheinlich nicht mit Absicht gemacht hat.

3 Ich kann mich daran erinnern, dass das leicht passiert, wenn es eng ist.
Wenn es mich sehr stört, kann ich mich an den Rand stellen. Ich kann mir einen ruhigeren Fleck suchen. Ich kann kurz stehen bleiben, um zu schauen, wo ich am besten gehen oder stehen kann.
Wenn ich mich daran erinnere, kann ich es schaffen, ruhig stehen zu bleiben, auch wenn ich geschubst werde. Ich kann daran denken, dass man sich leicht gegenseitig anstößt, wenn viele Menschen zusammenstehen.

37. Im Schulbus ruhig sein

wenn man im Schulbus herumläuft und laut ruft

1 Nach der Schule fahren viele Kinder mit dem Schulbus nach Hause. Weil viele Kinder gleichzeitig nach Hause fahren, ist es manchmal sehr voll im Schulbus. Viele Kinder freuen sich, dass die Schule zu Ende ist. Sie möchten sich jetzt bewegen und sich laut mit Freunden unterhalten. Das ist normal.

2 In der Schule muss man oft ruhig sein und still sitzen, darum ist es normal, dass man sich nach der Schule bewegen möchte und sich mit den anderen Kindern unterhalten möchte. Der Busfahrer muss gut aufpassen, damit auf der Straße kein Unfall passiert. Wenn viele Kinder laut sind, kann es leicht passieren, dass das den Fahrer stört. Es ist dann sehr anstrengend für ihn, den Schulbus zu fahren.
Wahrscheinlich ärgert er sich, vielleicht schimpft er auch und sagt den Kindern, dass sie leise sein und sitzen bleiben sollen.
Meistens dauert die Fahrt im Schulbus nicht sehr lange. Wenn man ausgestiegen ist, kann man sich wieder bewegen und mit den anderen Kindern laut reden oder herumalbern. Vielleicht kann man noch einen Moment draußen spielen, bevor jeder nach Hause geht. Oder man kann sich für den Nachmittag verabreden.

3 Wenn ich es schwierig finde, im Schulbus ruhig zu sein, kann ich mich daran erinnern, dass es keine lange Fahrt ist. Ich kann daran denken, dass es gefährlich werden kann, wenn der Fahrer von unserer Lautstärke gestört wird.
Wenn ich Lust habe, kann ich mich am Nachmittag mit meinen Freunden treffen, dann können wir herumtoben und Spaß haben. Wenn ich daran denke, kann ich es schaffen, auf der kurzen Fahrt im Schulbus sitzen zu bleiben und leise zu sein.

38. Ein Kind braucht eine Pause

wenn man erschöpft ist und eine Pause braucht

1 Die Schule ist manchmal sehr anstrengend. Man muss zuhören, was im Unterricht gesprochen wird, man soll Dinge verstehen und man soll sich vieles merken.
Es kann auch anstrengend sein, lange mit vielen Kindern zusammen zu sein.
Auch die Pausen sind manchmal anstrengend, weil es oft laut ist. Es gibt also vieles, was für das Gehirn anstrengend ist. Irgendwann ist das Gehirn voll und braucht etwas Ruhe, um sich zu erholen. Wenn es sich erholt hat, kann man wieder zuhören und der Lärm auf dem Schulhof stört einen nicht.

2 Alle Menschen sind unterschiedlich. Weil das so ist, sind auch die Köpfe unterschiedlich schnell voll. Manche Menschen brauchen oft eine Ruhepause, andere seltener.
Das ist normal. Wenn man keine Pause macht, obwohl man eine bräuchte, kann es passieren, dass man wütend wird. Es kann passieren, dass man Dinge sagt oder tut, die man eigentlich nicht möchte. Das passiert, weil man eigentlich eine Pause braucht, damit das Gehirn sich erholen kann.
Manchmal ist es schwer, zu merken, wann man eine Pause braucht. Das ist normal.
Manchmal merkt es eine andere Person, bevor man es selbst merkt. Wenn eine Lehrerin zu mir sagt, dass ich eine Pause brauche, hat sie das wahrscheinlich schon gemerkt, obwohl ich es noch nicht gemerkt habe. Meine Lehrerin kennt mich gut. Sie hilft mir, rechtzeitig eine Pause zu machen, bevor ich wütend werde.
Nach meiner Pause werde ich wieder viel Kraft haben für die Dinge, die wir tun.

3 Wenn ich eine Pause machen soll, kann ich mich daran erinnern, dass meine Lehrerin mir damit hilft. Ich weiß, dass sie es schon merkt, bevor ich es merke.
Ich kann daran denken, dass ich nach einer Pause wieder gut gelaunt bin. Es ist schön, wenn ich gut gelaunt bin, denn dann kann ich mit den anderen Kindern Spaß haben.
Die anderen Kinder mögen mich, wenn ich gut gelaunt bin.
Wenn ich daran denke, kann ich es leicht schaffen, eine kurze Pause zu machen, wenn meine Lehrerin das sagt.

39. So geht Vorpubertät

wenn sich manche Kinder auf einmal anders verhalten als früher

1 Wenn Kinder älter werden, verändern sie sich, sie kommen in die Vorpubertät. In ihrem Gehirn verändert sich einiges. Es ist wie eine Baustelle, eine „Gehirnbaustelle". Darum verhalten sich die Kinder dann manchmal anders als früher.

2 Manche Kinder sind auf einmal sehr frech und suchen Streit. Sie machen das, weil sie merken, dass sie keine kleinen Kinder mehr sind und nicht mehr immer auf ihre Eltern oder Lehrer hören müssen. Manchmal passiert es, dass sie auch den Freunden gegenüber frech sind. Sie merken manchmal nicht, dass sie einen Freund beleidigen oder ärgern. Manchmal ärgern sie einen Freund auch mit Absicht, um zu schauen, wie sehr sie ihn ärgern können, bevor er sich wehrt. Wenn mich ein Freund ärgert, kann ich mich daran erinnern, dass er wahrscheinlich in der Vorpubertät ist. Ich kann mich umdrehen und weggehen.
Ich kann einer Lehrerin sagen: „Er ärgert mich." Ich kann es der Lehrerin auch später sagen, wenn es schon vorbei ist. Die Lehrerin wird dann mit dem Kind sprechen.

3 Wenn ich merke, dass ich mich über den Freund ärgere, kann ich mich daran erinnern, dass es gut ist, zu einer Lehrerin zu gehen.
Ich kann mich daran erinnern, dass der Freund mich eigentlich nicht ärgern will. Es passiert, weil sich in seinem Gehirn gerade viel verändert. Ich kann mich daran erinnern, dass sich bei Kindern in der Vorpubertät das Gehirn verändert und sie darum oft anders reagieren als früher. Es wird wieder vorbeigehen und wir werden wieder Freunde sein.
Wenn ich daran denke, kann ich es aushalten, dass ich mich mit meinem Freund gerade nicht verstehe.

40. Seine Sachen in der Garderobe ordentlich ablegen

wenn man es schwierig findet, seine Sachen ordentlich abzulegen

1

In der Schule zieht man seine Jacke und seine Schuhe aus und zieht Hausschuhe an. Jedes Kind hat einen Platz an der Garderobe, wo es seine Sachen hinlegt. In der Pause zieht man dann die Schuhe und die Jacke wieder an.
Viele Kinder freuen sich auf die Pause. Sie freuen sich darauf, draußen zu spielen.

2

Weil die Pause nicht so lang ist, wollen alle Kinder ganz schnell ihre Sachen umziehen, damit sie möglichst lange draußen bleiben können. Das ist normal.
Es kann dann passieren, dass man seine Sachen hinwirft, ohne zu schauen, ob man sie an seinen Platz gelegt hat. Wenn man nach der Pause wieder die Hausschuhe anzieht, kann es auch passieren, dass man Jacke und Schuhe schnell hinwirft und nicht ordentlich aufräumt. Es kann passieren, dass die dreckigen Schuhe auf der Sitzbank landen oder auf den Hausschuhen. Dann werden die Hausschuhe dreckig. Viele Kinder finden später ihre Sachen nicht und die Lehrerin muss ihnen helfen, zu suchen. Die Lehrerin ärgert sich.
Vielleicht schimpft sie in der nächsten Stunde. Das ist schlecht, weil sie dann weniger Zeit hat, um mit uns etwas Schönes zu machen.

3

Wenn ich meine Sachen hinwerfen möchte, kann ich mich daran erinnern, dass es ganz schnell geht, die Sachen ordentlich aufzuräumen. Ich kann daran denken, dass ich in der Pause trotzdem noch genug Zeit habe, denn es dauert weniger als eine Minute, die Sachen ordentlich aufzuräumen.
Ich kann daran denken, dass die Lehrerin sich freut, wenn es ordentlich ist. Vielleicht macht sie etwas Schönes mit uns oder wir spielen ein Spiel.
Wenn ich daran denke, kann ich es schaffen, meine Sachen in der Garderobe ordentlich aufzuräumen.

41. Kinder mit anderen kulturellen Vorstellungen I

wenn man mit sozialen Anforderungen umgehen muss

1 In verschiedenen Ländern gelten verschiedene Regeln. In manchen Ländern findet man etwas gut und richtig, was die Menschen in einem anderen Land nicht so gut finden. Das ist normal. In jedem Land ist das so.
Wenn Menschen von einem Land in ein anderes Land umziehen, lernen sie die Sprache und die Regeln in dem neuen Land. Sie lernen, was die Menschen in dem neuen Land gut finden.

2 Wenn man sehr lange in einem Land gelebt hat und etwas richtig und gut fand, kann es sein, dass man die Regeln im neuen Land nicht sofort versteht. Manchmal findet man es schwer, dass im neuen Land etwas richtig ist, was im alten Land falsch war.
Wenn die Menschen im neuen Land Kinder bekommen, lernen die Kinder beides. Die Kinder lernen die Sprache und die Regeln aus dem alten Land und de Sprache und die Regeln im neuen Land. Das ist wichtig, damit sie im neuen Land gut zurecht kommen und Freunde finden. Eine wichtige Regel ist In unserem Land, dass es die gleichen Regeln für alle Kinder gibt.
In Deutschland sollen alle Kinder das Gleiche lernen, egal welches Geschlecht sie haben.
Alle Kinder helfen im Haushalt, alle Kinder werden in der Schule gleich behandelt.
Weil das so ist, sollen auch alle erwachsenen Menschen in Deutschland die gleichen Rechte und die gleichen Pflichten haben. Auf eine Lehrerin muss man genauso hören wie auf einen Lehrer. Es kann sein, dass ich es schwierig finde, zu verstehen, dass Mädchen und Frauen die gleichen Rechte haben wie Jungs und Männer.

3 Ich kann mich daran erinnern, dass meine Eltern manche Dinge anders gewohnt sind, weil sie in einem anderen Land gelebt haben. Dort gab es andere Regeln.
Ich kann daran denken, dass ich viele Freunde habe, wenn ich weiß, dass alle Kinder in Deutschland gleich wichtig sind.

42. Kinder mit anderen kulturellen Vorstellungen II

wenn man mit sozialen Anforderungen umgehen muss

1 In verschiedenen Ländern gelten verschiedene Regeln. In manchen Ländern findet man etwas gut und richtig, was die Menschen in einem anderen Land nicht so gut finden. Das ist normal. In jedem Land ist das so.
Wenn Menschen von einem Land in ein anderes Land umziehen, lernen sie die Sprache und die Regeln in dem neuen Land. Sie lernen, was die Menschen in dem neuen Land gut finden.

2 Wenn man sehr lange in einem Land gelebt hat und etwas richtig und gut fand, kann es sein, dass man die Regeln im neuen Land nicht sofort versteht. Manchmal findet man es schwer, dass im neuen Land etwas richtig ist, was im alten Land falsch war.
Wenn die Menschen im neuen Land Kinder bekommen, lernen die Kinder beides. Die Kinder lernen die Sprache und die Regeln aus dem alten Land und die Sprache und die Regeln im neuen Land. Das ist wichtig, damit sie im neuen Land gut zurecht kommen und Freunde finden. Eine wichtige Regel ist in unserem Land, dass es die gleichen Regeln für alle Kinder gibt.
In Deutschland sollen alle Kinder gleich behandelt werden. Alle Kinder sollen in der Schule gut lernen, alle Kinder können die Hobbys haben, die ihnen gefallen. Egal ob es ein Junge oder ein Mädchen ist. Alle Kinder können selbst herausfinden, was ihnen Spaß macht. In Deutschland dürfen alle Erwachsenen selbst entscheiden, welchen Beruf sie lernen möchten, egal ob es Frauen oder Männer sind. Jeder Erwachsene kann selbst Geld verdienen und selbst entscheiden, wie er oder sie leben möchte.

3 Wenn ich es schwierig finde, dass ich für mich selbst verantwortlich bin, kann ich daran denken, dass es vielen Kindern so geht. Ich kann mich daran erinnern, dass viele Eltern andere Regeln gewohnt waren, wenn sie in einem anderen Land aufgewachsen sind. Ich kann daran denken, dass ich selbst herausfinde, was ich gern mag und was mir Spaß macht, damit ich im Leben zufrieden bin.

43. An verschiedenen Orten können verschiedene Regeln gelten

wenn in der Schule andere Regeln gelten als zu Hause

1 In jeder Familie findet man manche Dinge wichtig und manche Dinge nicht so wichtig. Das ist normal. Das, was eine Familie wichtig findet, findet eine andere Familie vielleicht nicht so wichtig.

2 In jeder Familie gibt es Regeln. Es kann sein, dass in einer Familie Dinge verboten sind, die in einer anderen Familie erlaubt sind. In der Schule sind sehr viele Kinder aus vielen Familien zusammen in einer Klasse. Weil in jeder Familie andere Regeln gelten, ist es in einer Klasse manchmal schwer, dass es keinen Streit gibt und alle Kinder gut lernen können. In der Schule gibt es Dinge, die wichtig sind, und Dinge, die nicht so wichtig sind. Es gibt Dinge, die erlaubt sind, und Dinge, die verboten sind. Es gibt Regeln, die für alle Kinder gelten. Die Schule ist sehr groß und es sind viel mehr Menschen zusammen als in einer Familie. In der Schule gelten darum andere Regeln als in den einzelnen Familien. Darum ist es wichtig, dass sich alle Kinder in der Schule an die Regeln halten, die in der Schule gelten. Weil alle Kinder zu Hause unterschiedliche Regeln haben, kann es sein, dass man es schwierig findet, sich an die Regeln zu halten, die in der Schule gelten. Wenn bei mir zu Hause andere Regeln gelten, kann es sein, dass ich es schwierig finde, mich an die Regeln in der Schule zu halten.

3 Ich kann mich daran erinnern, dass es für viele Kinder schwierig ist, sich an die Regeln zu halten, weil es andere Regeln sind als zu Hause. Ich kann daran denken, dass es in einer Familie oft andere Regeln gibt als in der Schule. Ich weiß, dass es in der Schule wichtig ist, dass sich alle an die Regeln halten, weil die Schule so groß ist und da so viele Menschen zusammen sind.
Wenn ich mich daran erinnere, kann ich es schaffen, mich an die Regeln zu halten, solange ich in der Schule bin. Ich kann mich darauf freuen, dass bald Nachmittag ist und dann wieder die Regeln gelten, die es in meiner Familie gibt.

44. Zur Toilette gehen

wenn man es schwierig findet, in der Schule auf die Toilette zu gehen

1 Viele Menschen gehen am liebsten zu Hause auf die Toilette. Das ist normal. Manchmal ist man in der Schule, wenn man auf die Toilette muss. Darum gibt es auch in der Schule Toiletten.

2 Viele Kinder gehen in der Schule nicht gern auf die Toiletten. Es gibt viele Gründe, warum man in der Schule nicht so gern auf die Toilette geht. Die Toiletten sind vielleicht nicht so sauber wie zu Hause, man hört die anderen Kinder durch die Trennwände oder es gibt etwas anderes, das einen stört. Das ist normal.
Wenn man auf die Toilette muss und man geht nicht, kann es sein, dass man Bauchweh bekommt. Dann fühlt man sich schlecht.

3 Wenn ich in der Schule auf die Toilette muss, kann ich mich daran erinnern, dass es viele Kinder gibt, die in der Schule nicht gern auf die Toilette gehen. Ich kann daran denken, dass es gut ist, auf die Toilette zu gehen, wenn ich muss. Es ist wichtig, auf die Toilette zu gehen, auch wenn ich lieber zu Hause gehen würde.
Ich kann mich daran erinnern, dass ich vielleicht Bauchweh bekomme, wenn ich nicht auf die Toilette gehe. Ich kann daran denken, dass es nicht lange dauert, auf die Toilette zu gehen. Danach wird es mir wieder viel besser gehen.
Wenn ich daran denke, kann ich es schaffen, auf die Toilette zu gehen, auch wenn ich nicht zu Hause bin.

Medientipps

Gray, C. (2014):
Das neue Social Story Buch.
Schweiz: Autismusverlag.

Gray, C. & Garand, J. (1993):
Social Stories. Improving responses of students with autism with accurate social information. Focus on Autistic Behavior, S. 1–10.

Maslow, A. (1943):
A Theorie of Human Motivation.
In: Psychological Review, 50(4), S. 370–396.